SABFA

MAKE-UP

Method for experts

contents

005 Image control

印象の演出

女性像を作り分けることはメイクアップの醍醐味。ここではヒューマンカラーの濃淡で、形を中心に表現した4パターンと、質感を加えた4パターンを紹介します。

017 Balancing method

バランスの調整

メイクする前に、フェイスバランスを見極めて顔の特徴をとらえ、活かす、調整する。そのためには、裏付けとなる法則が必要です。プロメイクの基準を構成する「目」を獲得しましょう。

- 標準プロポーション 018
- スペースバランスの見かた 020
- スペースバランシング基礎
  - 肌色の調整 022
  - 頬の調整 023
  - 上まぶたの調整 024
  - 下まぶたの調整 025
  - 目頭の調整 026
  - 眉の調整 027
  - 眉の角度の調整 028
  - 唇の調整 029
- スペースバランシング応用
  - 面長な顔の調整 030
  - 丸い顔の調整 031
  - 顔だちマップと分析シート 032

034 Foundation making

極上の肌作り

メイクアップの完成度を左右するのは、肌。顔の中で一番面積が広く目立つ場所。プロならではのコツを伝授します。

スキンケア 035
基本的な肌の作り方 040
肌質感の作り方 044

047 Point make-up

パーツを極める

ディテールに徹底的にこだわることが、パーツメイク攻略の秘訣。ミリ単位以下の繊細で精緻な変化の積み重ねが、全体の印象を作ります。

眉 048
目 054
頬 064
唇 070

075 Scene make-up

シーンを演出する

サロンメイクでお客様からの要望の多いシーンをピックアップして、展開します。「必ず2つの提案を持つ」をキーワードに満足度を高めましょう。

成人式 076
パーティ 078
40's フォーマル 082

085 How to make-up

テクニックのポイント

この本で提案したメイクアップのポイントを紹介します。テーマに応じたメリハリのつけ方をマスターしましょう。

イメージ演出 086
シーン演出 090

099 Basic theory

基礎理論

サロンメイクアップはアートやデザインとは一線を画すもの。普通の女性をどれだけ自然にきれいにできるかが真価を発揮します。前提として知っておくべき普遍的な必須知識をまとめました。

骨格と表情筋 100
質感比較 102
色とトーン 104
トレーニングツール 106
デッサン用顔型 108

0 prologue

印象の演出

メイクアップにはさまざまな表現があります。個性を強調する、可愛く見せる、大人っぽく見せる。華やかにもクールにも。色と形、その組み合わせによって可能性が広がります。ここではひとりの女性がメイクアップだけでどう変化するか見ていきます。ヒューマンカラーの濃淡で立体感を与え、色と形で印象を演出します。まずしっかり観察してみましょう。

Image control

印象を演出する

メイクアップのコントロールで印象はここまで変えられます。

ヒューマンカラーによる形の変化

P6.......Fresh image

素肌のように透明感のある肌に、直線的で短めの眉。ナチュラルでですっきりしたパーツメイクでフレッシュに。

P7.......Cute image

ふわっとパウダー感のある肌に、曲線的で短めの眉。マスカラを効かせ、丸みのあるパーツメイクでかわいく。

P8.......Sharp image

ハイライトとシェーディングで立体感をつけた肌に、角のある眉。切れ長な目と直線的なパーツで、シャープに。

P9.......Elegant image

スタンダード肌にアーチ型の眉。曲線的なパーツメイクで、やさしく女らしく。

形に色と質感を加えた変化

P10......Fresh image

健康的でつやのある肌。ブルーとオレンジを基調色に、すっきりしたラインメイクでフレッシュなイメージ。

P11......Cute image

淡いピンク、淡いグリーンを中心にした多色使い。グロスを効かせた口もとでかわいいイメージ。

P12......Sharp image

人工的な輝きのある肌に、ゴールドのアイシャドーとリキッドアイライナーですっきりした目もとで知的イメージ。

P13......Elegant image

バイオレットの濃淡の繊細なテクニックで目もとを強調し、淡いリップで、優雅で女らしいイメージ。

メイクアップはコミュニケーション

プロフェッショナルなメイクアップを学びたいとこの本を手にとってくれたあなたに、最初にお伝えしたいことが、メイクアップの「力」と「可能性」と「本質」について。

人はなぜ、メイクアップをするのでしょう？　そこに人間関係があるからです。きれいにかわいく見られたい、好印象をもたれたい、できる人だと思われたい…。時代性や目的によって表現は変わりますが、周りとのコミュニケーションがメイクアップなのです。メイクアップには人の印象を変える「力」があります。

ましてプロの手助けを借りようとする心理には、自分に自信を持たせてほしい、気持ちまで引き立たせてほしいという願いも潜んでいるはずです。そこに的確にお応えするのがプロの仕事です。メイクアップは人の気持ちに影響する「可能性」に満ちています。

人の顔をなんとなく見るのは今すぐやめましょう。

顔を客観的に見る習慣を身につけるのが、プロの視点を持つということ。解剖学の見かたとは一味違う、メイクアップのためだけの客観性。長い経験側から編み出された独自のメソッドをお伝えするために、まず顔を見るための５つのルールから。

1. 肌を見る（色は？　質は？　トラブルは？）
2. パーツを見る（形は？　大きさは？　配置は？）
3. 肉付きと骨格を見る（ふっくら？　ごつごつ？　シャープ？）
4. フェースラインを見る（アゴは？　額は？　頬は？）
5. スペースを見る（目と目の間は？　目と眉の間は？）

「なんとなくかわいい」という感想ではなく、「この理由でかわいく見える」「かわいいにも幅がある」という分析へ。

メイクアップの［本質］へのスタートです。

1 Balancing method

バランスの調整

人の顔はそれぞれ個性的。色、大きさ、形、配置。そうした要素の組み合わせで千差万別の「顔立ち」が構成されます。なかでも顔立ちの決め手が「配置」バランス。はじめに基準となる標準バランスを知ってからさまざまな顔を分析し、法則に従って目的の方向に調整する。ここにプロならではの醍醐味が存在します。印象を調整するバランスセオリーから始めましょう。

Golden balance

標準プロポーション

個性を活かしたり調整したりするための基準となる、
顔のプロポーションです。
顔の特徴を判断する物差しとしても使います。

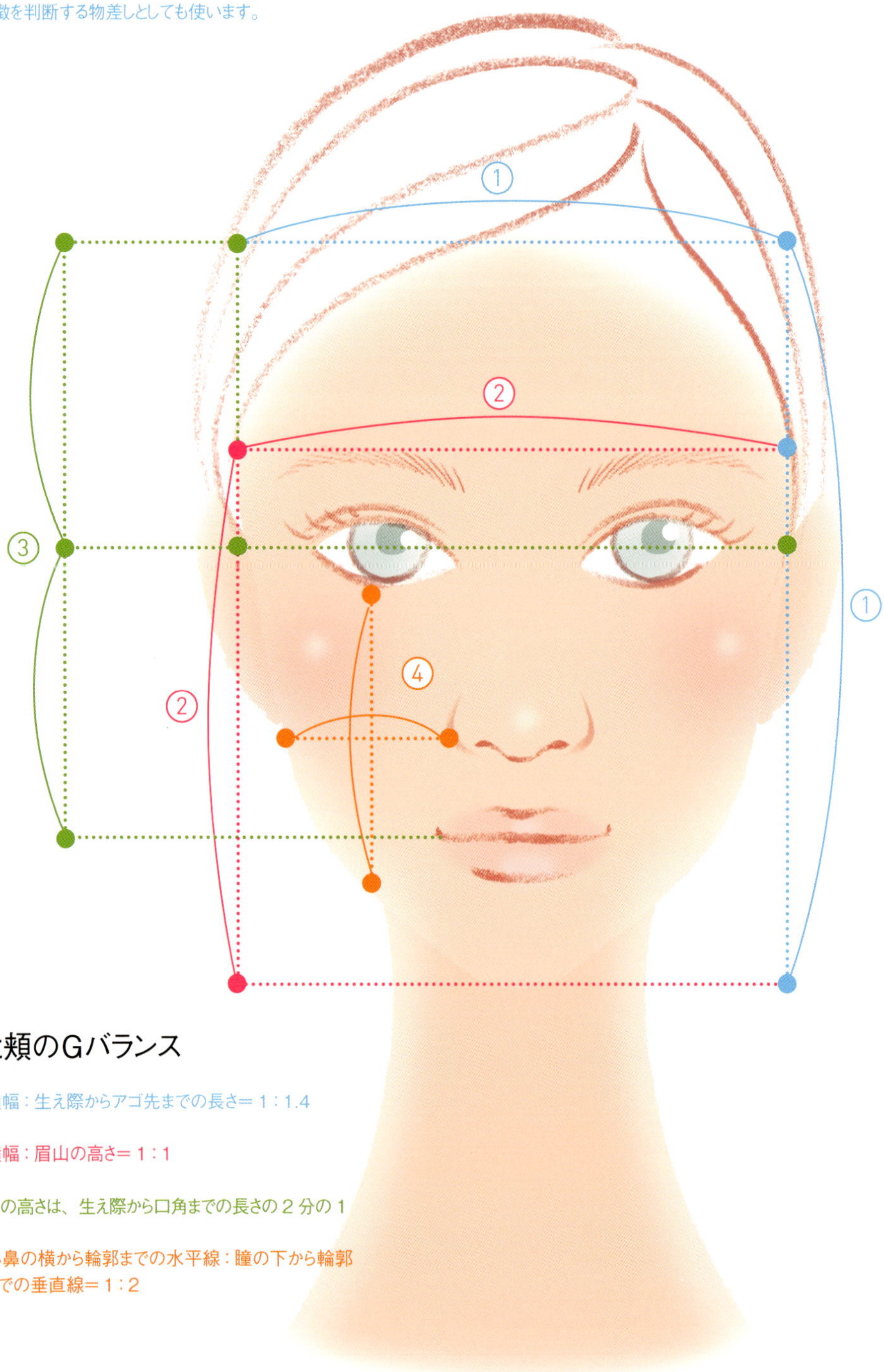

顔と頬のGバランス

1. 横幅：生え際からアゴ先までの長さ＝ 1：1.4
2. 横幅：眉山の高さ＝ 1：1
3. 目の高さは、生え際から口角までの長さの 2 分の 1
4. 小鼻の横から輪郭までの水平線：瞳の下から輪郭までの垂直線＝ 1：2

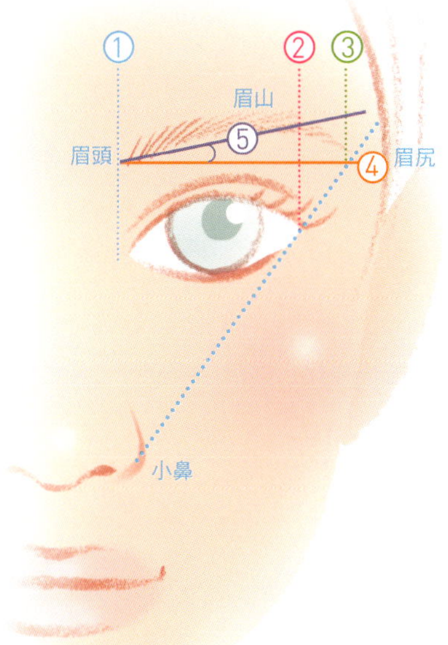

眉のGバランス

❶ 眉頭の位置は目頭の真上

❷ 眉山の位置は眉頭から約 3 分の2

❸ 眉尻の位置は小鼻と目尻を結んだ延長線上

❹ 眉尻の高さは眉頭と水平

❺ 眉の下側の角度は約 10 度

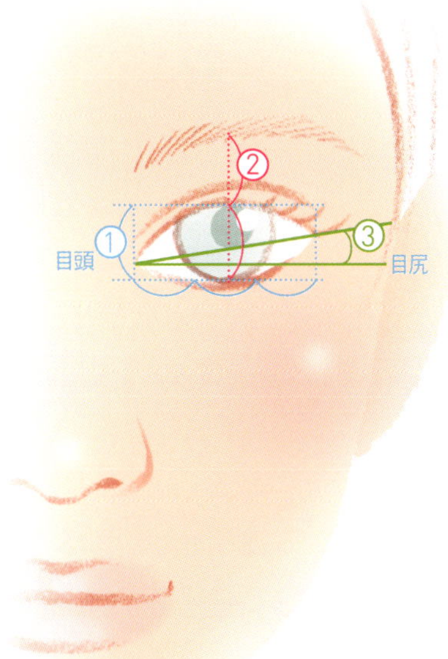

目のGバランス

❶ 目の横幅：縦幅＝ 3：1

❷ 目の縦幅：まぶた幅＝ 1：1

❸ 目尻の下側の角度は約 10 度

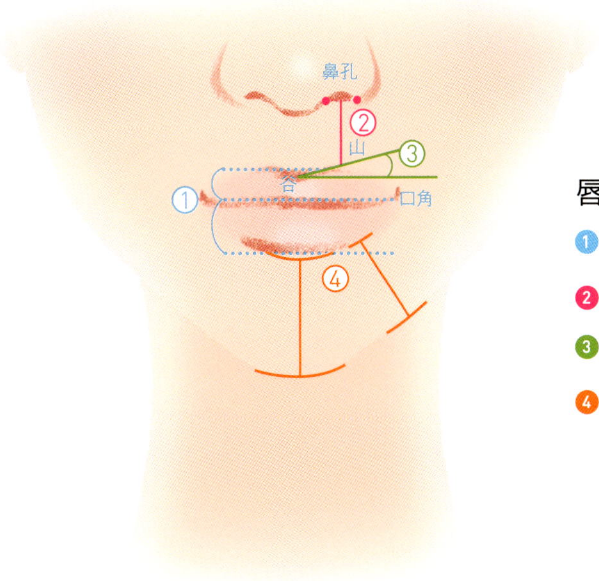

唇のGバランス

❶ 上唇：下唇＝1：1.3 ～ 1.5

❷ 山の位置は、鼻孔の中心を下ろしたところ

❸ 上唇の谷から山への角度は 10 度～ 15 度

❹ 下唇の形と底辺は、形はアゴラインにほぼ平行、底辺はアゴ先とほぼ同じで、上唇の山と山の幅よりやや長め

Space balancing control point

1. スペースバランスの見かた

「スペース」とは「空間、余白」のこと。顔の形やパーツの形に目がいきがちですが、
人の印象は実は余白に大きく影響されているのです。

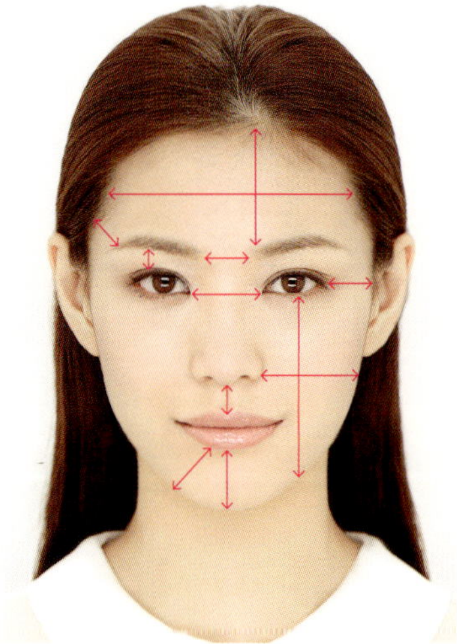

- 額、目の周り、頬、口の周りを観察、チェックします。
- きゅうくつに感じるところはどこですか?
- 広すぎると感じるところはありませんか?
- 標準プロポーションをモノサシにして考えましょう。

Space balancing point

2. スペース調整のポイント

	きゅうくつ→広く見せる	広すぎる→せまく見せる
色	膨張色を使うと、ハイライト効果でスペースを広く見せることができる。 Ex. 明るい色のファンデーション、明るい色のアイシャドー。	本来の肌より、濃いめの収縮色を使うと、シェーディング効果でせまく見せることができる。 Ex. 暗い色のファンデーション 暗い色のアイシャドー 暗い色のフェイスカラー
面	くぼんだところに膨張色を使うと、平面的に見せられるので、広く感じる。 Ex. 明るい色のフェイスカラーとファンデーション、チークカラーの形とぼかし方	ハイライトとシェーディングを組み合わせ、立体感をつけるとせまく感じる。 Ex. ファンデーションの 2 色使い ライトカラーとダークカラーのフェイスカラー チークカラーのぼかし方
パーツ	パーツを小さめに描いたり、目立たないように描くことで、スペースは広く感じる。 Ex. 眉、目、口	パーツを大きく描いたり、目立たせることでスペースはせまく感じる。 Ex. 眉、目、口

Space balancing case

スペースによる印象変化

パーツの配置だけバランスを変えてあります。
顔の大きさ、パーツは同じなのに、配置によって印象は大きく変化します。

1 上下余白タイプ

額が広く、アゴは大きい。
鼻が短く顔は短く見える。

・子供っぽい
・くどい

2 上下間余白タイプ

頬が長く鼻が高い。
顔は長く見える。

・大人っぽい
・おとなしい

3 左右余白タイプ

目と眉が中央に
寄っているため、
鼻根が細く、鼻が長く見える

・知的
・神経質

4 左右間余白タイプ

目と眉が左右に
離れているため、
顔の幅が広く感じる。

・やさしい
・のんびりした

5 下余白タイプ

目と口が上に寄っているため、
額がせまく、アゴが大きい。

・しっかりとした
・男性的な

6 上余白タイプ

目と口が下に寄って
いるため、額は広く、
アゴは小さく感じる。

・子供っぽい
・幼い

白シフォンブラウス¥39,900（BENSONI ／ブランドニュース）

スペースバランシングの基礎

パーツや面の調整で錯覚を起こさせ、広いところをせまく見せたり、せまいところを広く見せたりすることができます。

Space balancing 1

肌色の調整

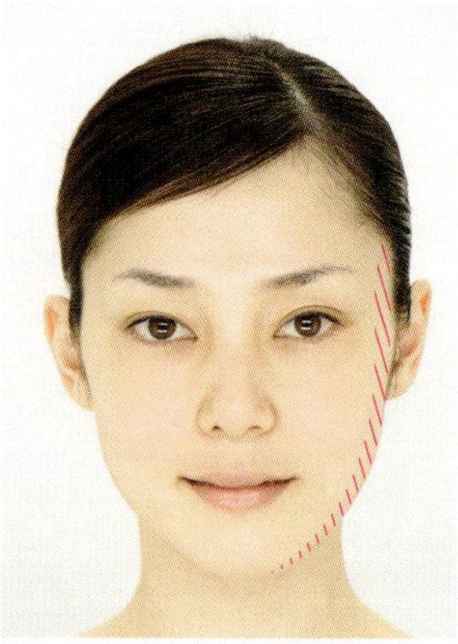

肌全体を１色のファンデーションで仕上げると
平面的になり、顔幅が広く見えます。
フェイスラインを１段濃い色で引き締めることで、
立体感が出て、顔幅はせまく見せることができます。

肌１色使い　→ 平面的、ふっくら効果

肌２色使い　→ 立体的、小顔効果

Space balancing 2

頬の調整

チークカラーを横長に入れると
顔は短く見え、
縦長に入れることで長さが強調され、
顔を長く見せることができます。

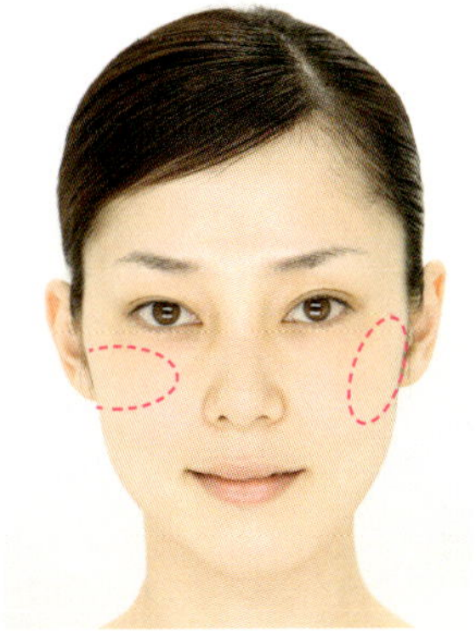

横長チークカラー →顔が短く見える

縦長チークカラー →顔が長く見える

Space balancing 3

上まぶたの調整

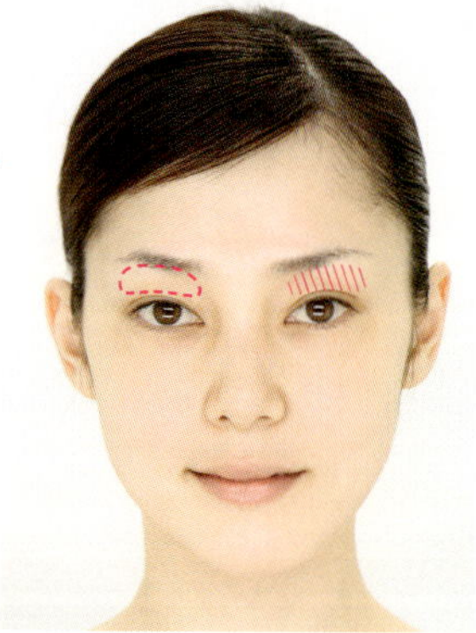

まぶたにハイライトカラーを入れると
眉と目の間は広く見え
逆にシャドーカラーを入れると
眉と目の間がせまく見えます。

上まぶたにハイライト →まぶたが広く見える

上まぶたにシャドー →まぶたがせまく見える

Space balancing 4

下まぶたの調整

目の下にハイライトを効かせると
目の位置が上がって見えるため
頬は長く見え、シャドーで引き締めると
目の位置が下がり、頬が短く見えます。

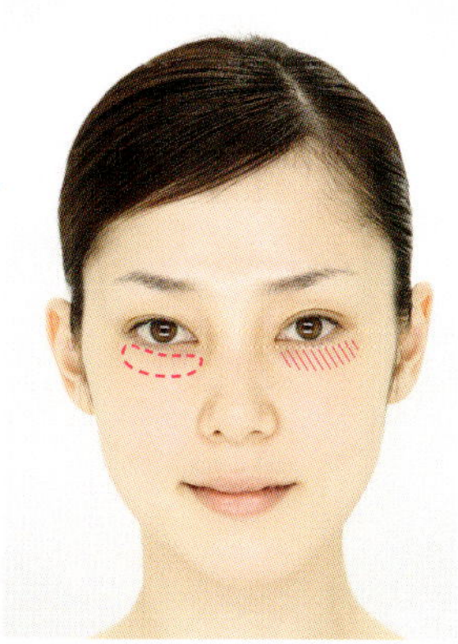

下まぶたにハイライト →頬が長く見える

下まぶたにシャドー →頬が短く見える

Space balancing 5

目頭の調整

目頭にハイライトカラーを入れると
目と目の間は離れて（遠心的に）見え、
シャドーカラーを入れると
目と目の間が近寄って（求心的に）見えます。

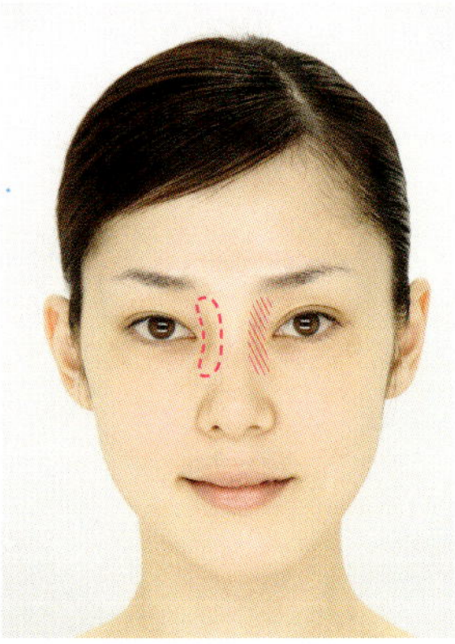

目頭にハイライト →目が離れて見える

目頭にシャドー →目が寄って見える

Space balancing 6

眉の調整

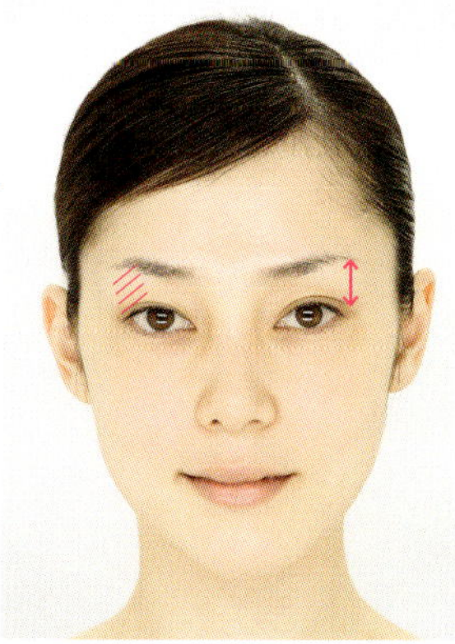

眉を短く太めに描くと
目と眉の間はせまく見えます。
眉を長く細めに描くと
目と眉の間が広く見えます。

短く太めの眉　→まぶたがせまく見える

長く細めの眉　→まぶたが広く見える

Space balancing 7

眉の角度の調整

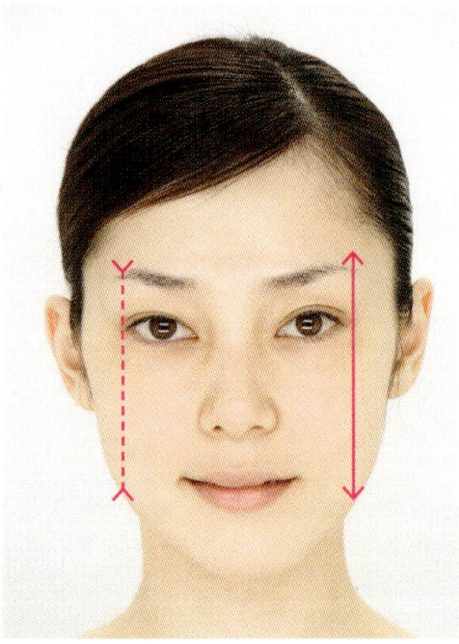

眉山が低いと眉から下が短く見えるため
顔は短く感じ、
眉山が高いと下が長く見えるので
顔は長く感じます。

眉山を低く →顔が短く見える

眉山を高く →顔が長く見える

Space balancing 8

唇の調整

唇を大きく描くと
フェイスラインはすっきりして見え
小さく描くと
ふっくらした感じに見えます。

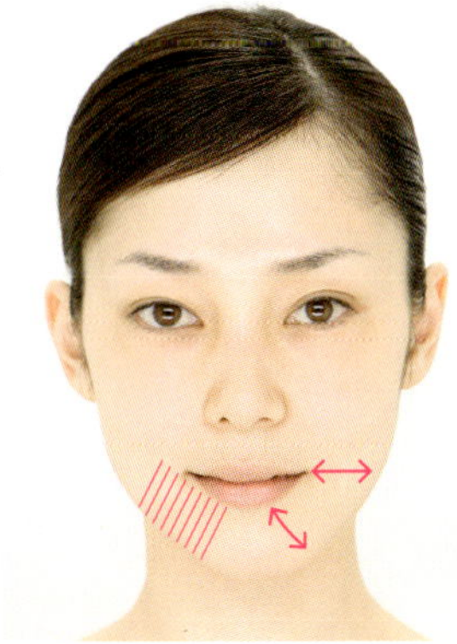

唇を大きく →フェイスラインがすっきり見える

唇を小さく →フェイスラインがふっくら見える

スペースバランシングの応用

ここまで見てきた理論を応用して、顔の長さの印象を変えることができます。

Space balancing 9

面長な顔の調整

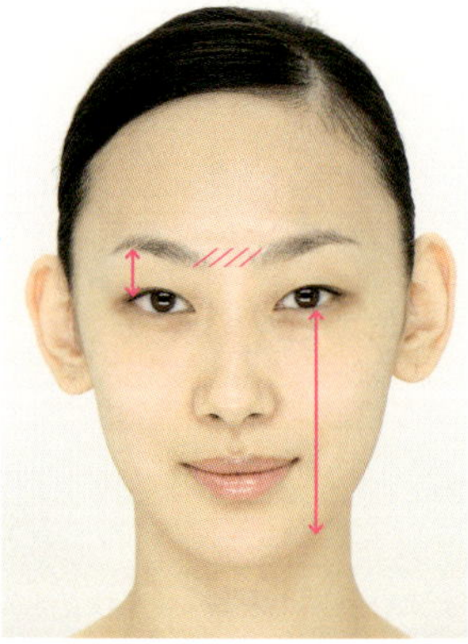

素顔の分析

・頬に長さを感じる
・眉と目の間が広い
・眉と眉の間がややせまい

求心で長く

眉山を高く描き、目もとはシャドーカラーで求心的に。チークは縦長にぼかし、唇はストレートに。面長のきりっとした印象の大人顔になります。

遠心で短く

眉山を低くして短めに眉を描き、目はフレームをかこんで丸く見せます。チークは横長にぼかし、唇をやや厚めに描きます。顔は短く見えてきます。

Space balancing 10

丸い顔の調整

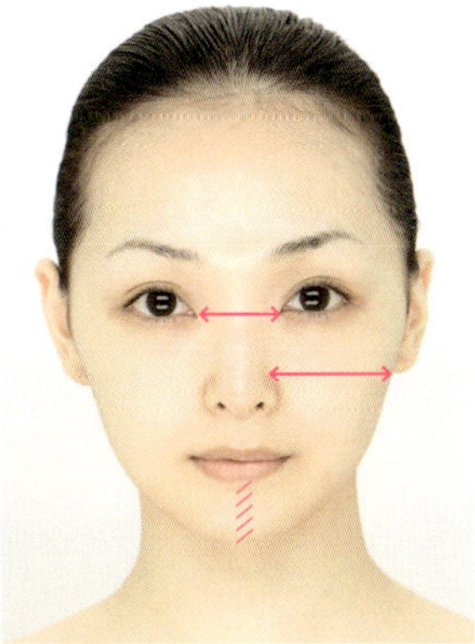

素顔の分析

・目と目の間が離れている
・頬に横幅を感じる
・アゴが小さく感じる

遠心で丸く

眉はなだらかな角度で短めに描き、目は丸くかこんで目尻を下げ、遠心的に。チークは丸くぼかします。唇もやや厚く描くことで丸さが強調されます。

求心で長く

角度をつけた長めの眉、求心的なアイシャドーに、縦長でシャープなチーク。唇をストレートに描くことで、丸い顔を長く見せることができます。

Map of face balance

顔だちマップ

このマップでそれぞれの顔の持つ特徴、イメージを的確にとらえる事ができ、
メイクアップ演出の方向を決めるときに役立ちます。
縦に置いたバランス軸では、顔の長短とパーツ配置をみます。
横に置いたフォルム軸には、パーツの形で振り分けます。

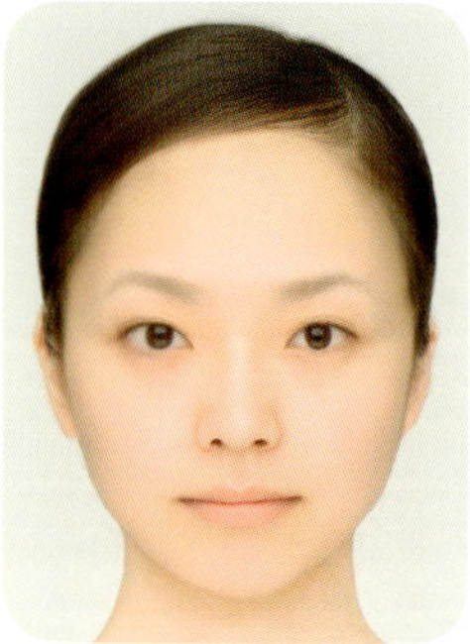

子供タイプ

♣ 顔が短い
♣ 目と目の間が広い（遠心的）
♣ 目と口の間がせまい

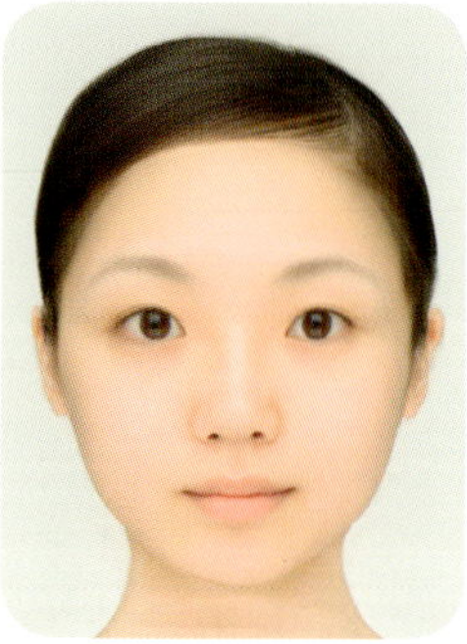

バランス軸

フレッシュ
活発

キュート
かわいらしい

直線タイプ

♣ 輪郭の下半分が角張っている
♣ 目、鼻、口の形が直線的

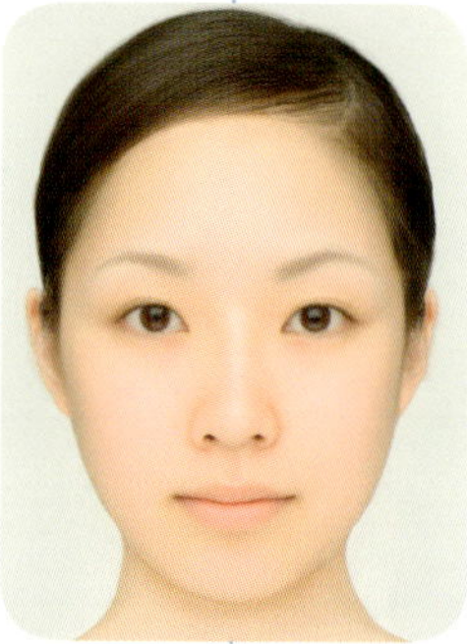

フォルム軸

曲線タイプ

♣ 輪郭の下半分がふっくらしている
♣ 目、鼻、口の形が曲線的

クール
シャープ

やさしい
女らしい

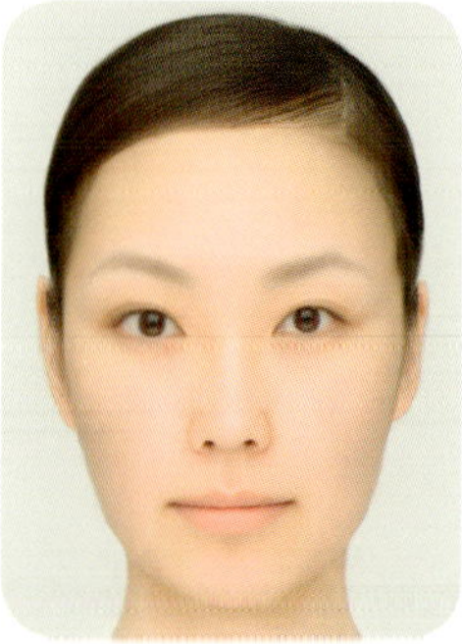

大人タイプ

♣ 顔が長い
♣ 目と口の間が広い
♣ 目と目の間がせまい（求心的）

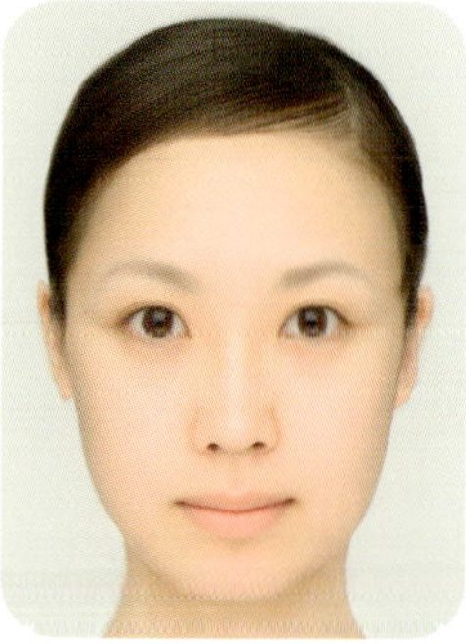

資料提供／株式会社 資生堂

SABFA'S practice sheet

バランス分析シート

実際の顔を観察して、
描きこみましょう。
チェックすることで
なんとなく見ているだけでは
気づきにくい特徴がわかります。
コピーして使いましょう。

広く見えるところに矢印

←→

せまく感じるところに斜線

///////////

2 foundation making

極上の肌作り

メイクアップという言葉から連想するのは、華やかな目もとや鮮やかな彩りでしょうか。でも、顔の中で一番面積が広いのはどこ？　そう、肌です。本人が気にしている以上に完成度を左右するのが、肌の色と質感です。元気そうに見せることも、しっとり落ち着いた雰囲気に見せることも肌作りの力。時間がたっても崩れにくいこともプロに求められる必須条件。さあ、極上の肌へ。

Skin care

スキンケア1: メイクアップを落とす

メイクアップをしている方は素の状態に戻します。
まず、ポイントメイクアップから先に落としていきます。

ゆっくりと

1 リムーバーを含ませたコットンをまぶたにのせ、上下左右に拭き取ります。

2 コットンを当て、リムーバーを含ませた綿棒でマスカラを落とします。

細かい部分

3 取れにくい細かい部分は、リムーバーを含ませた綿棒2本ではさんで落とします。

4 リムーバーを含ませたコットンを4ツ折りにし、口角から内側へ拭き取ります。

シワの中まで

5 リムーバーを含ませた綿棒で、細かい縦ジワの中まで拭き取ります。

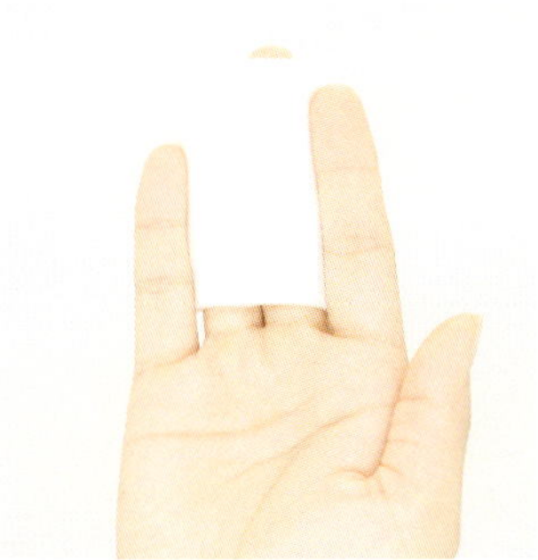

6 広い部分に使用するコットンは、人差し指と小指にはさみます。

7 クレンジングウォーターを含ませたコットンで、顔全体を拭きます。

8 ティッシュペーパーを2つ折りし、手のひらで軽く押さえます。

Skin care

スキンケア 2: 肌を整える

化粧水で水分をしっかり補給し、乳液の油分をなじませます。

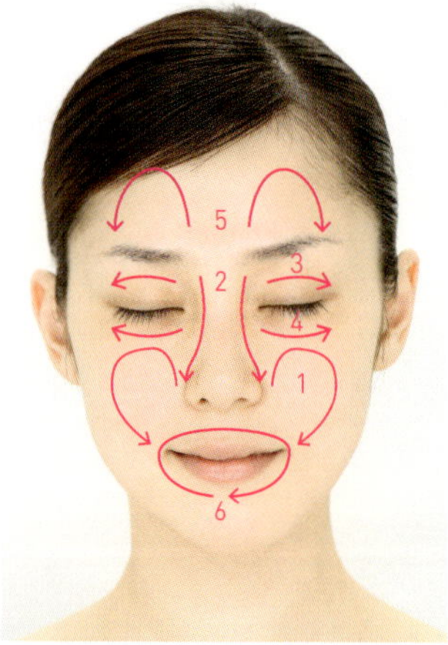

塗布の方向

筋肉の流れに沿って、まんべんなく。肌にしみこませるようにゆっくり動かしましょう。

1 コットンにたっぷり化粧水を含ませ、中心から外側になじませます。

2 小鼻周りなど凹凸部分は、1 本の指でていねいにつけます。

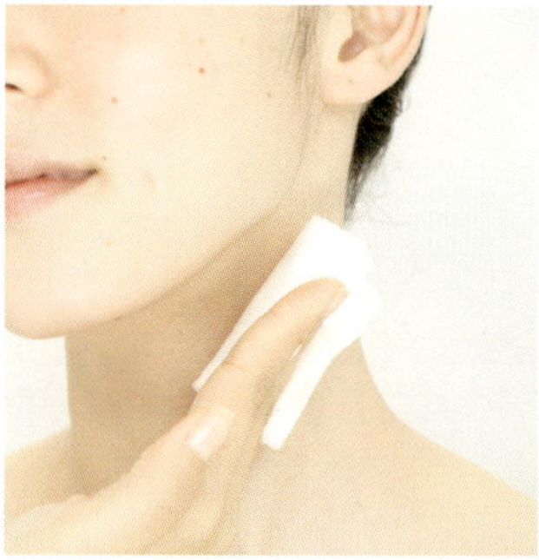

3 首筋までしっかりなじませます。

4 乳液も、化粧水と同じようになじませます。

5 目の周りなど特に乾燥しやすい部分は、ていねいになじませ、

6 収れん化粧水で軽くパッティングして、肌を引き締めます。

コントロールカラー

肌色を調整するためにコントロールカラーをつけます。
血色を上げたい場合はピンク系、
明度を上げたい場合はイエロー系を選びましょう。

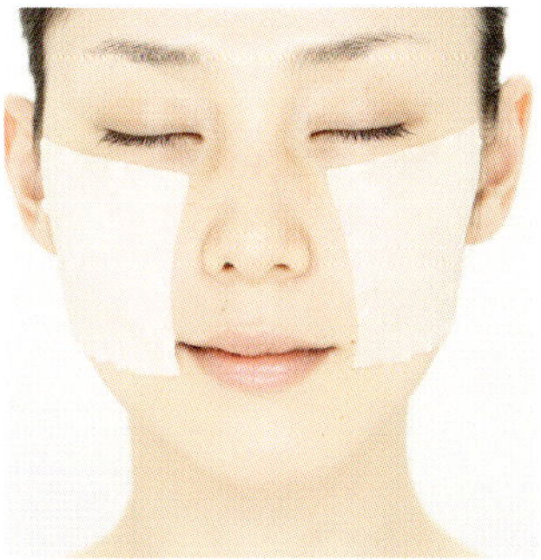

7 ほてりが気になる頬には、化粧水を含ませたコットンを貼り、3〜5分ほどを置きます。

8 目の周りが乾燥しやすい場合は、保湿性の高い美容液をなじませます。

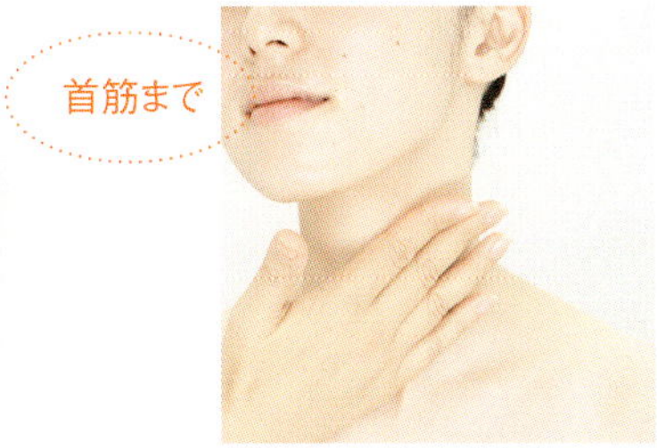

首筋までのばし、顔と首のトーンを合わせます。

9 パール粒１個分の下地クリームを５か所にのせ、外側にのばします。

10 リップクリームで唇のコンディションを整えます。

※７と８のケアは肌質によっては省きます。

Texture variation

肌の質感

軽く透明感のある肌から、つやをおさえた重厚感のある肌、
輝きのある肌まで、質感は印象コントロールに役立ちます。

シアー　透明感のある軽い肌

スタンダード　適度なカバー力と自然なつや

パーリー　パールの光沢感

マット　つやをおさえた重厚感

Tool&item

肌

肌に色や質感を与えて、
紫外線や外界の刺激から
肌を守る役割を持つファンデーション。
目的によっていろいろなタイプを
使い分けましょう。

フェイスパウダー

とても粒子が細かい粉です。透明感のある軽い仕上がりを目指すなら、フェースブラシで。密着感がほしいときはパフで。

リキッドタイプ

薄づきで肌にフィットするため、軽い仕上がりを求めるときに。肌に直接置いて指先でなじませたり、スポンジにとってのばしたりして使います。

クリームタイプ

カバー力が高いので、しっとりなめらかな仕上がりになります。

パウダリータイプ

スポンジにとってそのままつけられるので、使い勝手に優れていて、色数も豊富。のせすぎると粉っぽくなるので、量の調節には注意しましょう。

コンシーラー

目の下の影や、シミ、くすみなど、気になる部分を目立たなくするために使います。カバー力、使う場所によって、リキッド、ペンシル、スティックなど使い分けます。

各種ブラシ

パウダーをのせたり、余分なパウダーを払ったりするときに使うフェースブラシ（右２本）。肌用には大と中があれば便利。リキッドファンデーションやコンシーラーをのばすコンシーラーブラシ（左３本）は平たい形でコシのあるものを、大、中、小そろえましょう。

Standard
基本的な肌の作り方

どんな肌にも適した基本的なテクニックからマスターしましょう。
塗布する順序、ファンデーションの厚みのコントロール、色の選び方がポイントです。

塗布前のチェック事項

順序と厚み

筋肉の流れに沿って、中心から外へ塗りましょう。
最初に塗った部分には厚めについて、外側に行くに従って自然に薄づきになります。

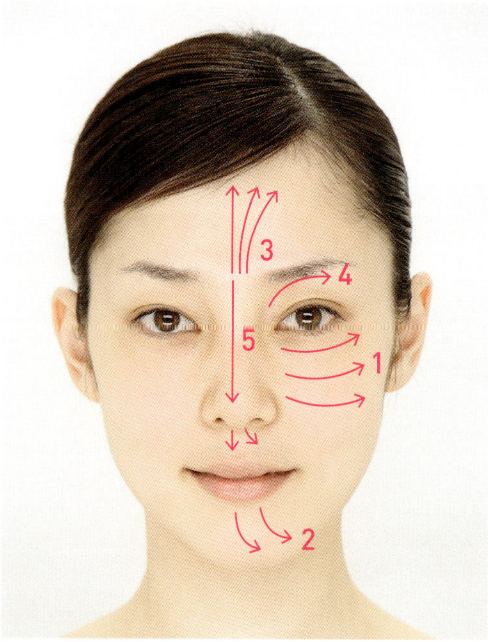

のばす方向 ⟶

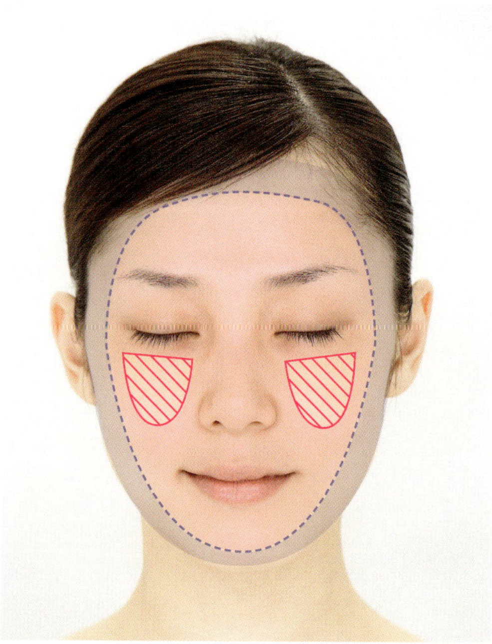

のせる厚み　カバーゾーン　薄づきゾーン　なじませゾーン

色選びのポイント

ファンデーションには、明るい⇔暗い、
赤み⇔黄みの幅があります。
色調の中から選び、
実際に肌にのせて決めましょう。

ファンデーションの色調

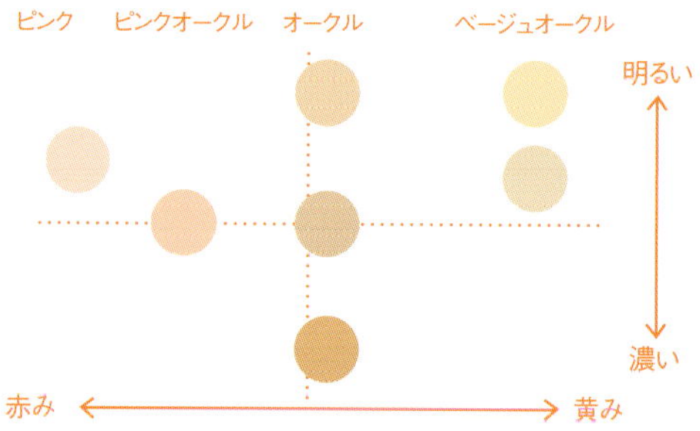

アゴラインに肌に近い色をのせ、首の色も考慮して選びます。

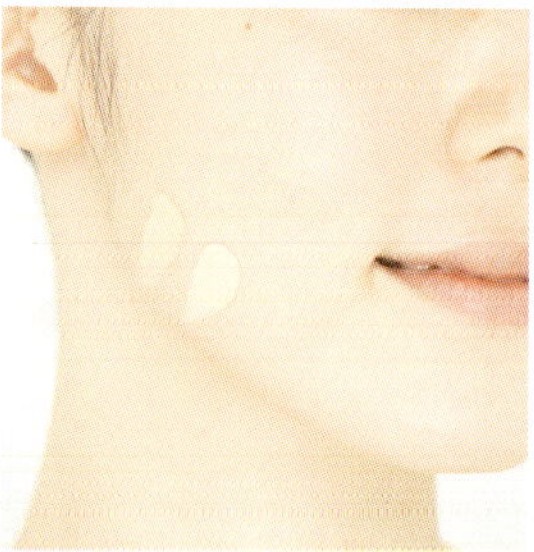

1 肌をトーンアップさせるために、コントロールカラーを頬に少量置き、

2 指先で薄くなじませます。

3 まぶたにもコントロールカラーを少量だけ置いて、

4 やさしくのばします。

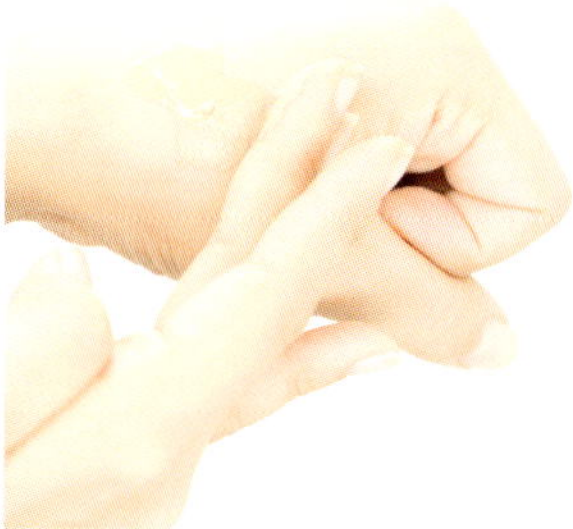

5 クリームファンデーションを手の甲に取り、指先で量を調整してから、

6 頬にポンポン置いて、中心から外側に向かってのばします。

7 くずれやすい小鼻周りは、指先でていねいにフィットさせます。

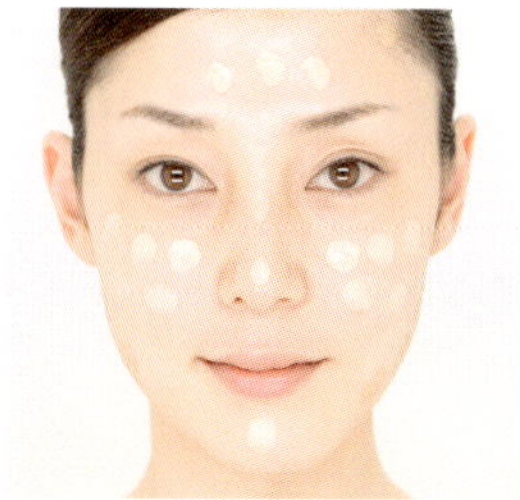

顔全体につけたときの量はこれくらいです。

8 まぶた、目尻など表情がよく動く部分は薄くのばします。

9 唇の周りも同様です。

10 一段濃い色のファンデーションをフェイスラインに伸ばし、輪郭を引き締めます。指で伸ばしてから、

11 スポンジで軽くのばして、なじませます。

12 さらにそのスポンジで、アゴラインから首筋まで自然にのばします。

13 コンシーラーをブラシに取り、目の下のくすみ、クマを消します。

14 ブラシに残ったコンシーラーで、上まぶたのくすみを薄くカバーします。

15 小鼻の陰からほうれい線にもコンシーラーをなじませます。

16 口角ラインのくすみを薄くカバーします。

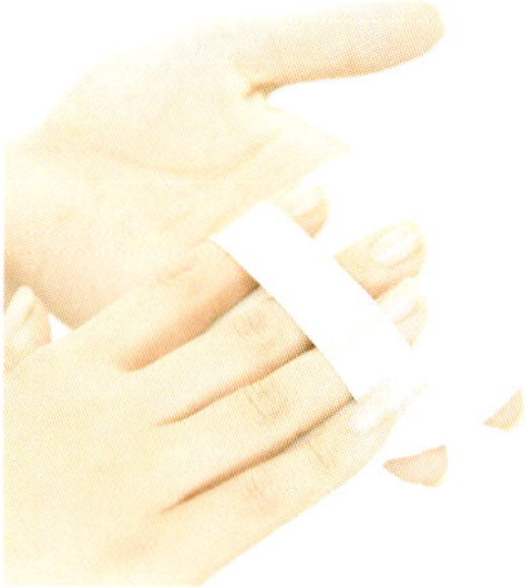

17 パフにパウダーをつけて、もう一つのパフで軽くなじませてから、

18 パフ全体を使い、頬の広い部分から、軽く押さえるようにパウダーをつけていきます。

19 フェースブラシで余分なパウダーを払います。

20 まぶたにたまったファンデーションを指先でなじませてから

21 ブラシ（小）で、少量のフェイスパウダーを薄くつけます。

22 下まぶたにたまったファンデーションを目尻から目頭にむかって軽くなじませ、少量のパウダーをつけます。

23 鼻筋にも軽くパウダーをつけ、

24 化粧くずれしやすい小鼻にも、パウダーをていねいにつけます。

Texture variation
肌質感の作り方

シアー …………透明感のある軽い肌

1 厚みの出ないリキッドコンシーラーで、目の下とまぶたの陰を消します。

2 リキッドファンデーションを平筆にとり、頬から顔全体に薄くのばします。

3 スポンジで全体全になじませます。

パーリー …………光沢感のある明るい肌

1 パール入りの下地をつけます。

2 リキッドファンデーションをスポンジにとり、頬から顔全体にのばします。

3 パール入りのハイライトカラーをフェイスブラシで全体になじませます。

マット …………つやがなく、重厚感のある肌

1 立体感を出すため、濃淡2色のファンデーションを置きます。フェースラインは濃い色です。

2 指先で外側に向かって、トントン叩くようになじませます。

3 スポンジで押さえてファンデーションをフィットさせ、細かい部分もチェックします。

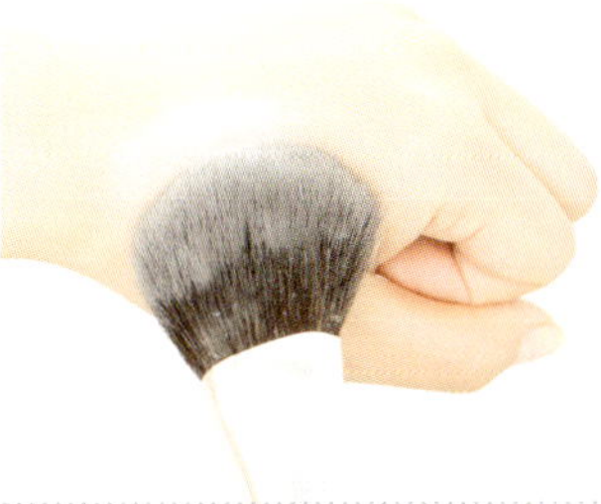

4 フェイスブラシにフェイスパウダーを含ませ、手の甲で量を調節し、

5 ブラシを回転させながら、全体に軽くつけます。

4 パール入りのパウダーを中ブラシでTゾーンに足します

5 眉山の下から頬骨の高い位置にも足していきます。

4 スティックタイプのコンシーラーを直接つけて、指先でなじませます。

5 顔全体をパウダーのついたパフでしっかりおさえます。

こだわってこだわり抜いて…、
でもこだわらない

メイクアップも他の表現と同様に、使う道具に左右される側面があります。目的によって用途に合わせて、いろいろな道具を使い分けます。ブラシの毛の量、ハリ、コシなどにはかなりこだわりますし、細かいところは細いもので繊細に。ふわっとぼかすのなら、太くて柔らかいものでやさしく。

細かい部分には平筆を立てて先を使い、同じ筆でも面の表現には寝かせて広く使う。あるいは、丸いブラシを細くつまんで絞って使えば、グラデーションの中心が起きてくる…。などなど、一つの道具でもさまざまな工夫で使いこなしています。その人の骨格や肉付きによっても道具を変えますし、立体を起こすためにつけるのか、色を感じさせるためにつけるのかによっても、基準が変わります。のせてからぼかすのか、ぼかしながらのせていくのか、手順によっても変わるでしょう。

調べて試して、自分なりの道具選びをするのがプロです。

でも逆説的ですが、その道具がなくても表現できなくてはならないのが、さらにその上のプロ。道具に使われるのでなく、使いこなす。自分の手の延長、指の延長が道具なのですから。

アイラインが上手に引けたからプロ？　いえ、実はそれだけでは不足なんです。きれいな目、印象的な目に見せることが大切です。ファンデーションがムラなくのった？　まだ、だめです、その人の肌がいきいきして見えないと。眉の形がきれい？　そこにとどまらず、満足せず、顔がなんだかすっきりして見えるところまで追求しましょう。

道具へのこだわりを突き抜けて、表現へのこだわりへ進みましょう。

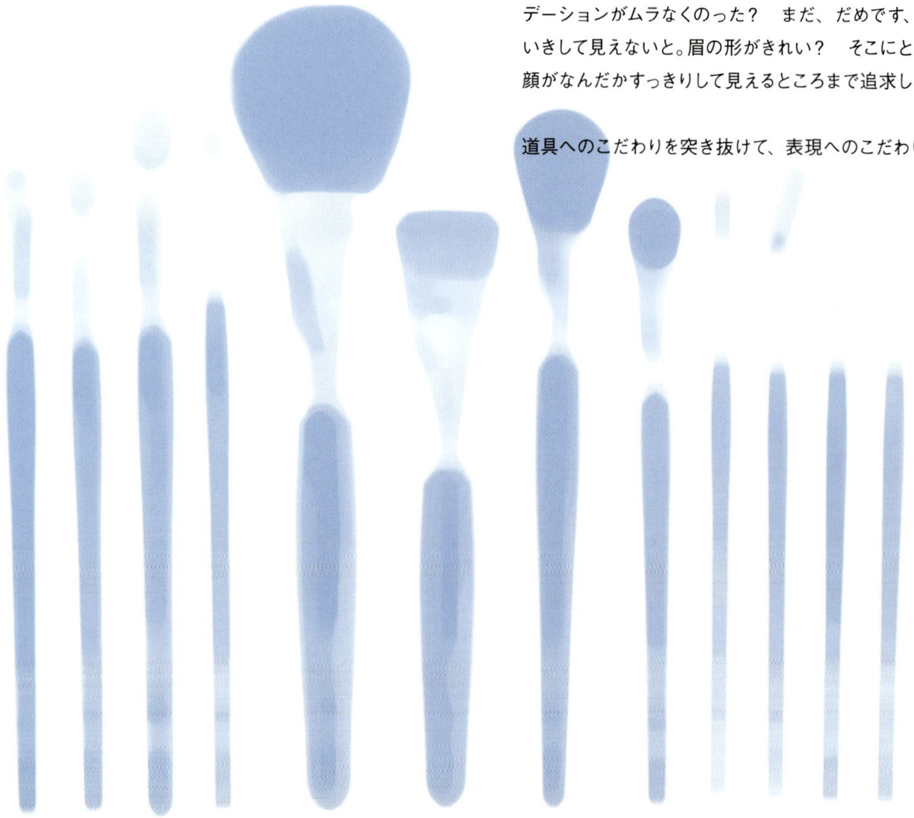

3 point make-up

パーツを極める

いよいよポイントに進みます。パーツごとに展開していきますが、一度は、眉も目も頬も口も、全部をありったけのテクニックを使って仕上げてみてください。どうでしょう？　魅力的で個性的で好感のもてる顔ができましたか？　モデルで創作表現をするときはともかく、普通のお客様をきれいにするには、ポイントを絞ってパーツごとにメリハリをつけることもプロの技です。

Shape of eyebrow

眉の形

代表的な眉の形です。直線と曲線、長さの組み合わせを変えて、いろいろな形が作れます。
形状に合わせてツールやアイテムも使い分けます。

短い×直線

短い×曲線

標準

長い×直線

長い×曲線

Tool&item

眉

流行を反映し、
時代性も表わすのが眉の表現。
求める形、大きさなど目的によって
描く質感を選びましょう。

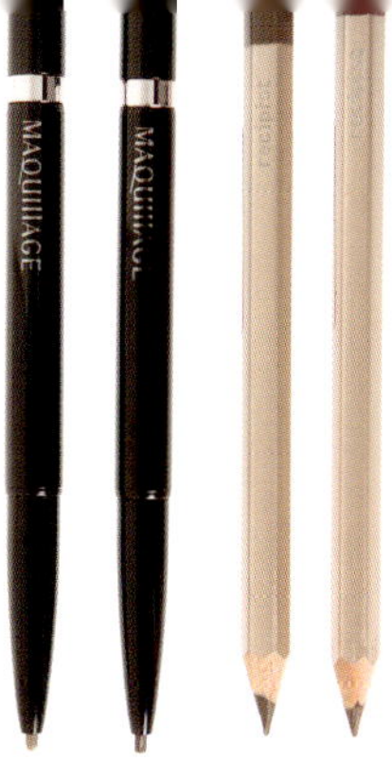

アイブローペンシル

もっとも一般的な眉用アイテム。鉛筆型と繰り出し式があり、色も硬さも豊富です。

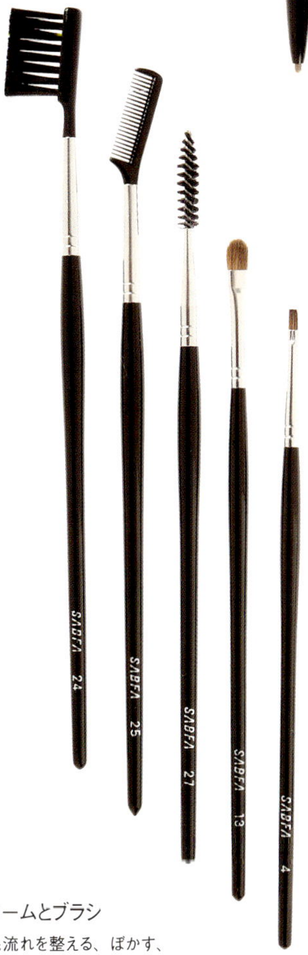

コームとブラシ

毛流れを整える、ぼかす、なじませる…。眉メイクに必要な小さなツールたち。眉カット時、描き始める前、描いている途中、描き終わってから。近寄ったり引いた目で見たりして、チェックしながら進めましょう。

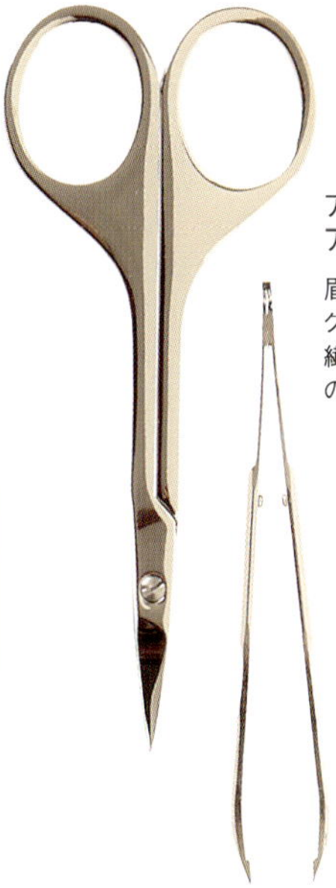

アイブローシザーズとアイブローニッパーズ

眉の形を整えるのも、メイクアップの重要な要素。繊細な仕事のできる専用のツールを使って安全に。

パウダーアイブロー

柔らかくぼかすには、パウダータイプを使うと、眉色と影色で立体感のある眉を演出できます。

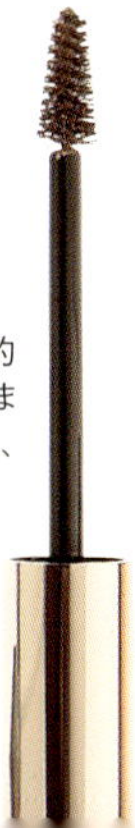

アイブローマスカラ

毛流れを起こし、立体的に仕上げることができます。透明なクリアタイプと、カラータイプがあります。

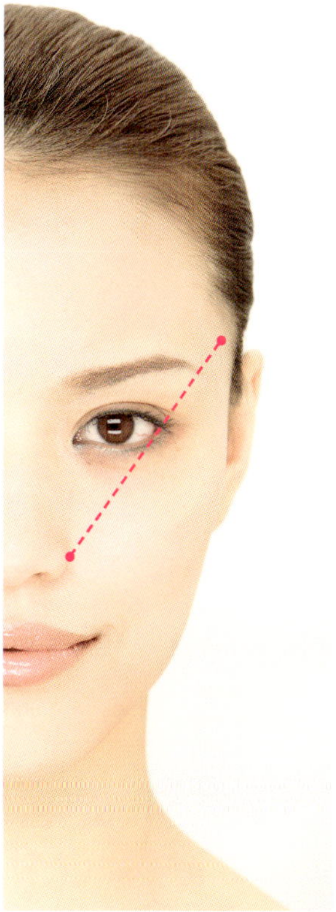

眉の長さの基準

- ♣ 標準眉＝小鼻と目尻を結んだ延長上の長さ
- ♣ 長い眉＝標準眉より５ミリ程度長めが目安
- ♣ 短い眉＝標準眉より５ミリ程度短めが目安

Eyebrow cut

眉をカットする

不自然に細くしすぎず、短くしすぎないこと。
理想の形を描いてはみ出す部分を取り去ると失敗しません。

before

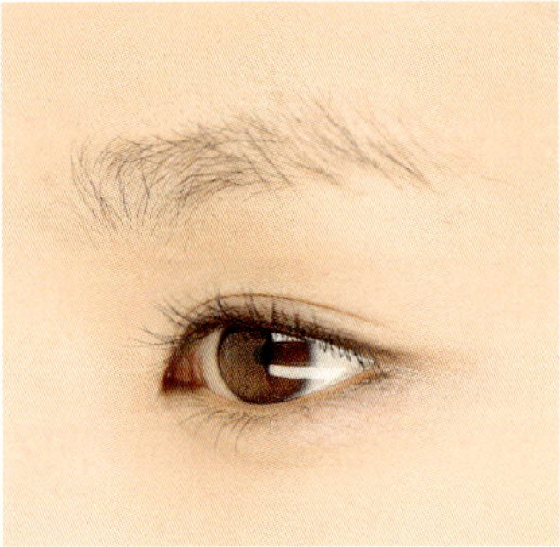

after

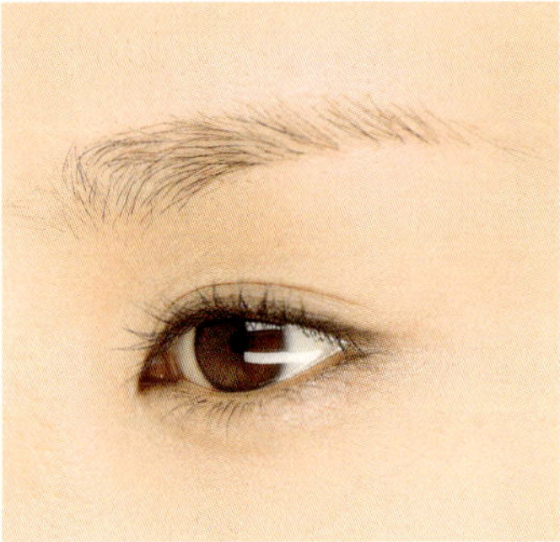

1 スクリューブラシで、眉頭は上へ、眉尻は下へとかします。

2 目尻の真上に山がくる位置で、上のアウトラインを描きます。

3 眉尻で上のラインと交わるように、下のラインも描きます。

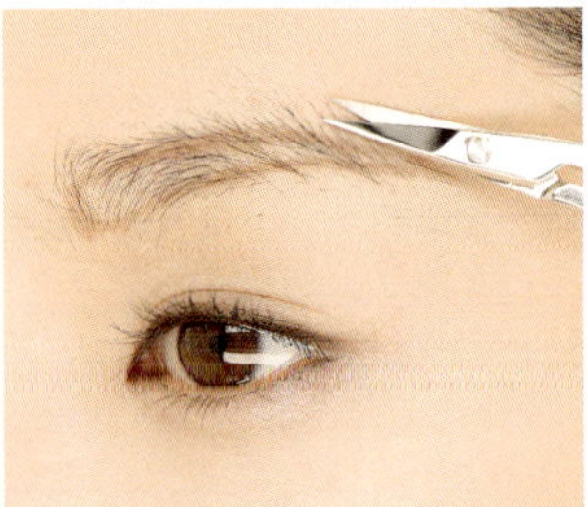

4 シザーを肌にフィットさせ、アウトラインからはみ出した毛をカットします。

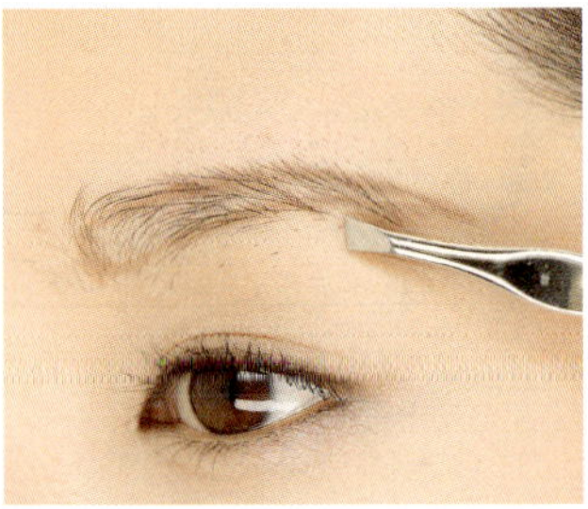

5 下側はアイブローニッパーで抜きます。毛流れに沿って抜くのがポイントです。

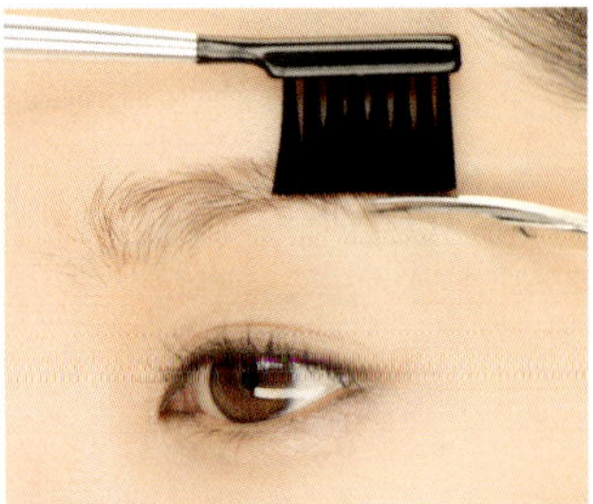

6 ブラシで上からとかし、はみ出た部分をカットします。

Standard

標準眉の描き方

小鼻と目尻をつないだ延長上の長さで、目尻の真上に山がきます。
眉頭と眉尻は同じ高さです。

1 スクリューブラシで毛流れを整えます。

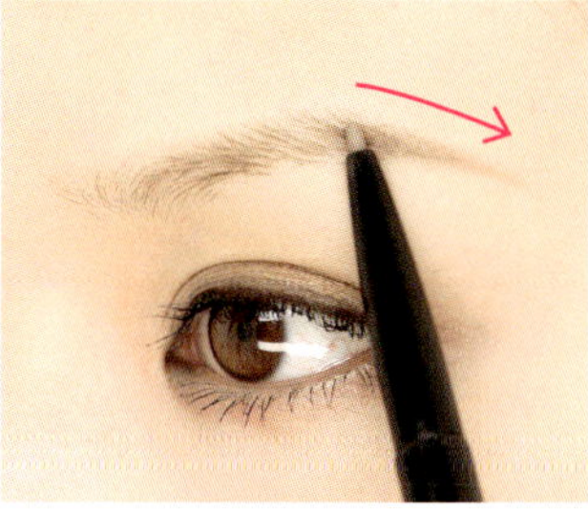

2 1本1本描き足すように、ペンシルで眉山から眉尻へ。

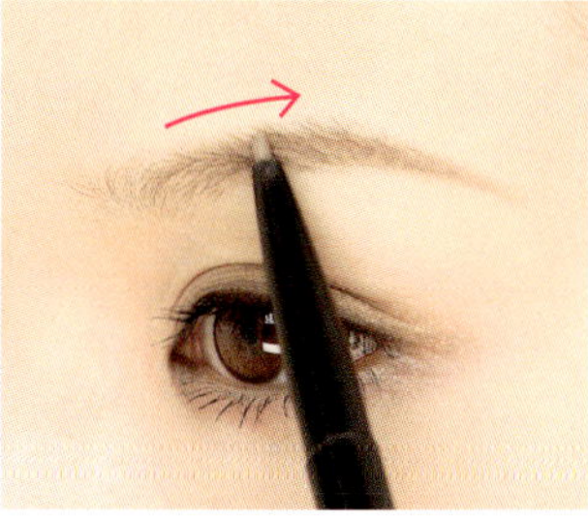

3 眉の中央から眉山へなだらかに進みます。

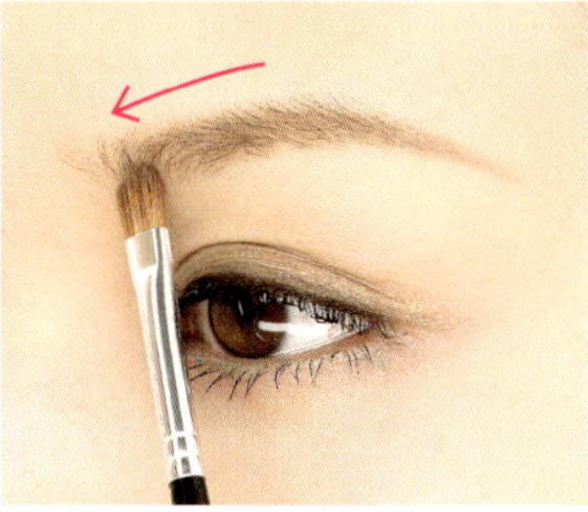

4 中央から眉頭へ、コシのあるブラシで、ぼかしこむように描きます。

5 眉尻をブラシで自然にとけこませます。

6 全体のバランスをチェックしながら、ブラシでなじませて仕上げます。

※眉は必ず目を開けた状態で描きましょう。人によって、目の開閉で眉の形が変化することがあります。

Eyebrow variation

いろいろな眉の描き方

短い×直線

1 下のラインは、直線的になるように足りない部分を描き足します。

2 標準よりやや内側に、低い山を決めます。

短い×曲線

1 パウダーを眉山から中央、眉山から眉尻へ丸みをつけながらぼかします。

2 眉頭の毛をブラシで起こし、地肌にパウダーをソフトにぼかします。

長い×直線

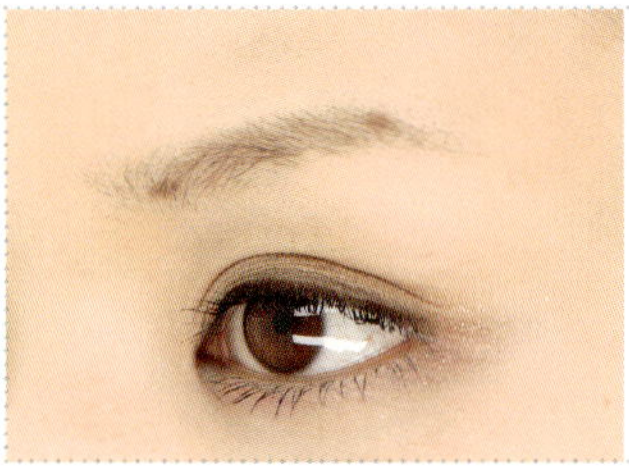

1 眉頭、眉山、眉尻にペンシルでガイドの点を打ちます。

2 ペンシルで眉山から眉尻を、直線的にやや長めに描きます。

長い×曲線

1 眉山から眉尻へ、ペンシルでなだらかな曲線を描きます。

2 眉山から中央を、丸みをつけてつなぎます。

3 アイブローパウダーで、眉頭を下からとかし上げます。

4 クリアマスカラで毛流れを起こします。

3 カラーマスカラを毛流れに逆行させながらつけて、眉毛を起こします。

4 カラー効果でソフトな眉に。

3 ブラシで眉頭と眉山をつなげます。

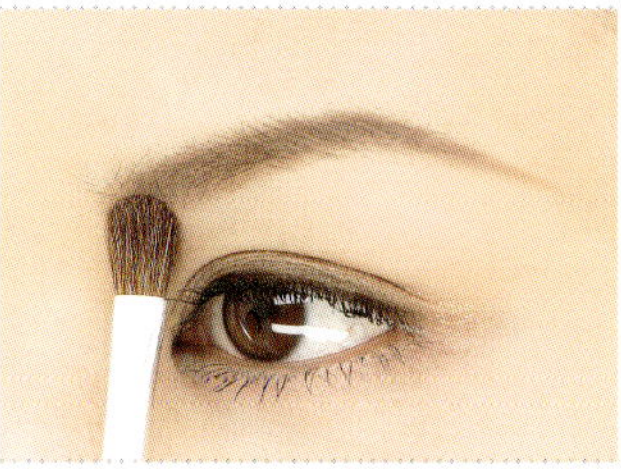

4 眉頭の下に影をつけて鋭角を強調します。

3 眉頭の下に足すように、ペンシルを立てて下から描きます。

4 瞳の真上のアウトラインにパウダーを足し、曲線を強調します。

Eye make-up variation

アイメイクアップ

代表的なアイメイクアップの形。アイシャドーとアイラインを組み合わせて、
切れ長に見せたり、丸く見せたり、印象はさまざまに変えられます。

すっきり

丸

標準

切れ長

かこみ

Tool&item

目

目もとをくっきり強調したり、
色や質感を重ねて立体感を演出したり。
アイメイクアップはイメージ表現の
重要な要素です。

つけまつ毛

まつ毛を濃く見せ、目もとを強調するアイテム。全体的、部分的、重ねづけなど、工夫次第で幅広く使い分けられます。

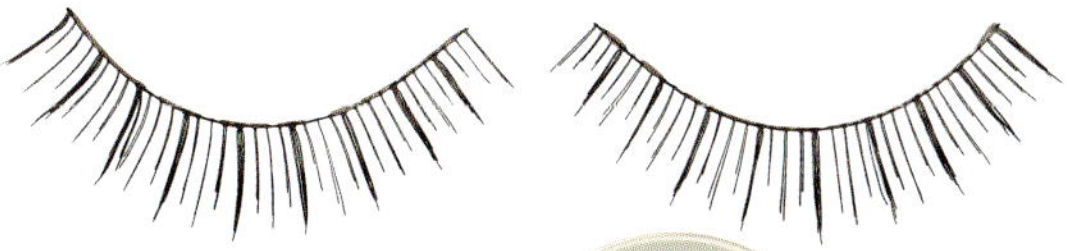

アイラッシュカーラー

まつ毛をカールアップさせるツール。眉尻、眉頭などはさみにくい部分用の、ミニカーラーもあります。

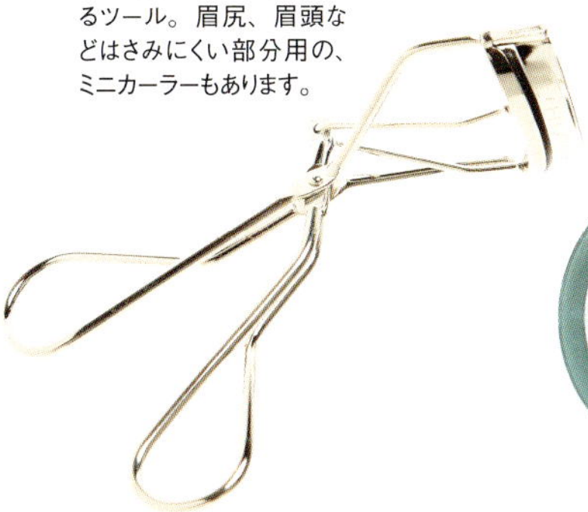

ジェルタイプ

うるおい感、つや感をプラスした独特の質感が特徴。色数はあまり多くありませんが、指先で広げる、ブラシでつけるなど、ツールを変えることで、微妙な違いが出せます。

パウダーとクリーム

もっとも一般的なアイシャドーのタイプ。色数や質感も多彩です。各種ブラシやチップで、ぼかし具合の調整をします。

ペンシルライナー

色数も硬さも豊富。先をとがらせて使うとシャープな線が、先を丸くして使うと柔らかい線が引けます。

マスカラ

マスカラベース、クリアマスカラ、カラーマスカラなどの種類があり、先端の形状には、ブラシタイプとコームタイプがあります。

リキッドライナーなど

リキッドタイプのアイライナーは、細い筆先で繊細な表現が可能です。繰り出し式のペンシルは、柔らかい表現が得意です。

Eye shadow standard

標準アイシャドーの入れ方

グラデーション

つける方法は限りなくありますが、使う色にかかわらず基本となる
グラデーションから覚えましょう。ライトカラーが先、ダークカラーが後になります。

スタンダード

1 ブラシ（中）でまぶた全体にライトカラーをぼかします。

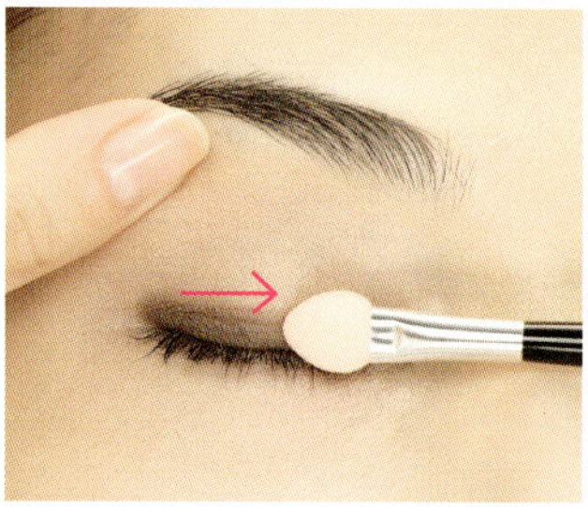

2 まぶたを軽く引き上げ、ダークカラーをチップで目尻から中央の際につけます。

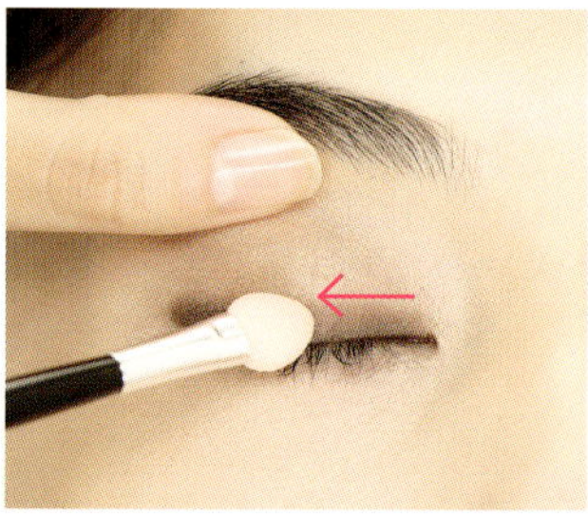

3 次に目頭から中央へぼかします。

4 チップで淡い色と濃い色の境界線をぼかしてなじませます。

5 ミディアムカラーをアイホールの内側まで重ねます。

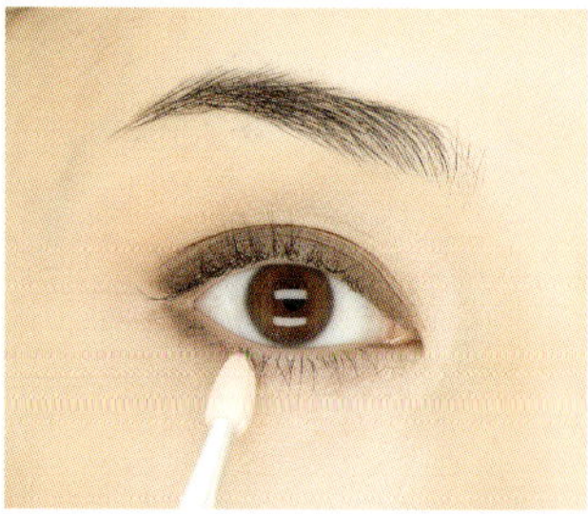

6 下まぶたの目尻から３分の１に、チップの先端で、ダークカラーを細く入れます。

Eye shadow variation

いろいろな入れ方

すっきり

上まぶたの目尻のみに
直線的に入れます。

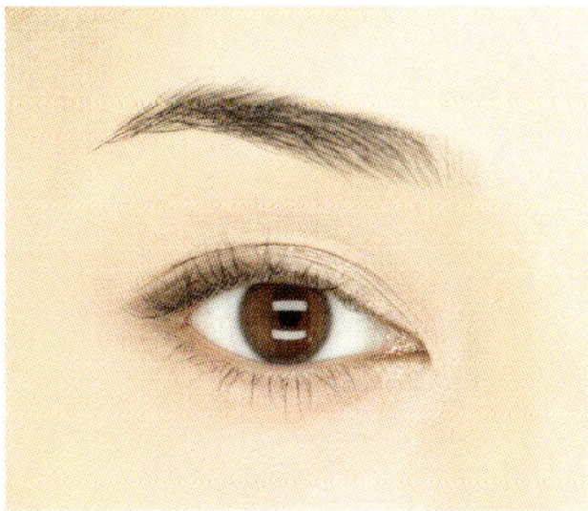

切れ長

目頭から目尻まで細く入れ、
さらに目尻を水平にのばすようにぼかします。

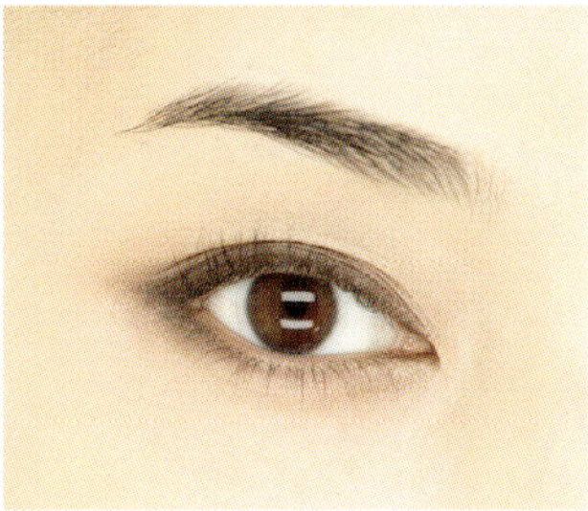

丸

瞳中央の上下に
ボリュームがくるように丸くぼかします。

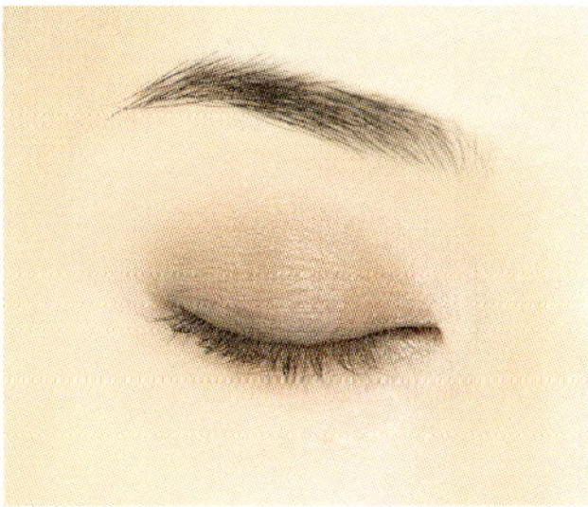
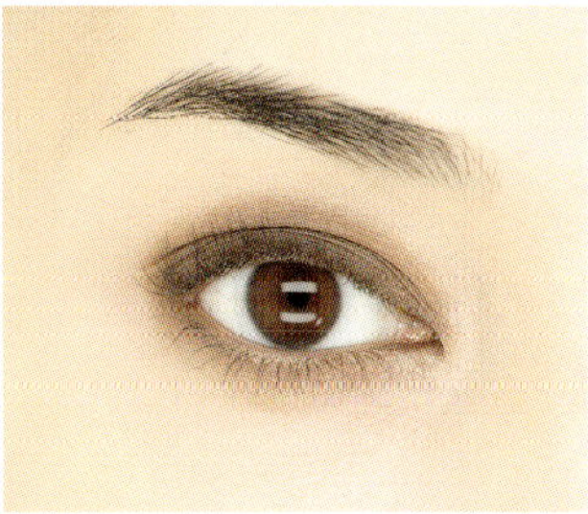

中抜け

目頭と目尻にシャドーカラーをぼかし、
中央にハイライトカラーを入れて、
中心を明るくします。

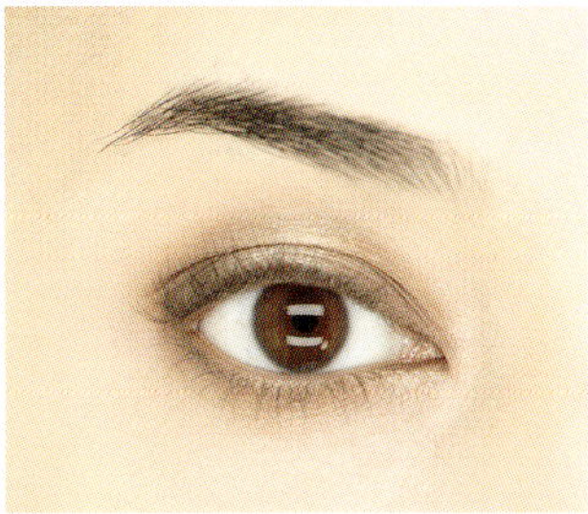

Eye line

アイラインの基本的な描き方

ペンシルタイプ

1 目尻から中央、目頭から中央へむかって、際に細くラインを入れます。

2 視線を外に向けてもらい、目頭のインサイドにも入れます。

3 まぶたを引き上げ、まつ毛とまつ毛の間を埋めるように入れます。

4 細いブラシでペンシルのラインをなじませます。

5 目尻にすっと伸ばし、繊細なラインにします。

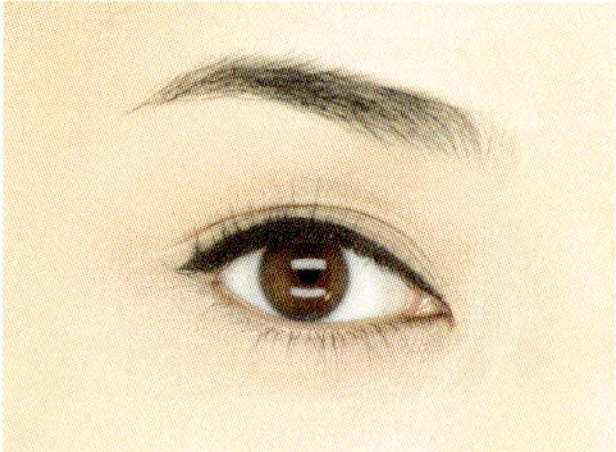

6 自然な印象の仕上がりです。

リキッドライナー

1 まぶたを軽く引き上げて、目頭から中央に細くラインを引きます。

2 まぶたを横に引いて、目尻から中央へつなげます。

3 目尻の三角を埋めます。

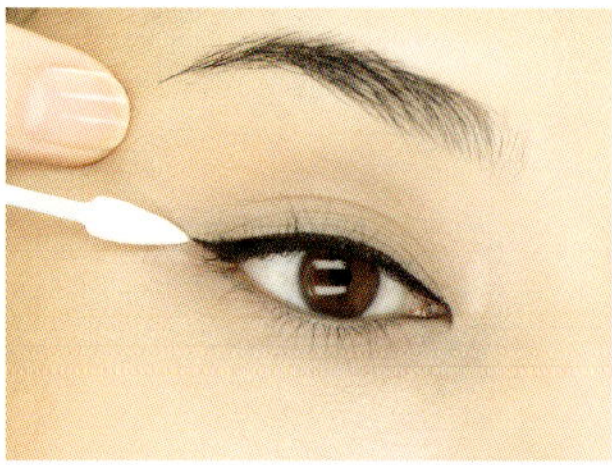

4 先の細いコットンチップの先端で、目尻の延長へすっと伸ばします。

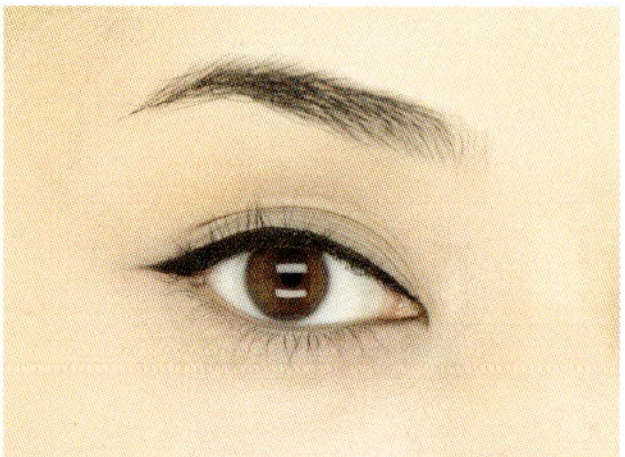

5 リキッドライナーの基本的な仕上がりです。

Eye line variation

いろいろなアイライン

すっきり

上まぶたの際に沿って細く入れます。

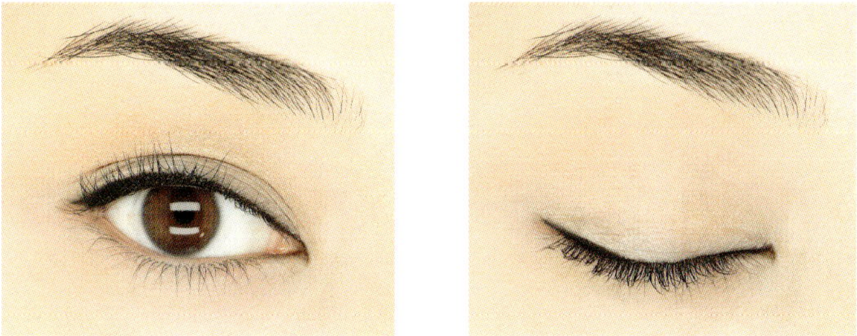

切れ長

上まぶたの目尻をやや太く、
下まぶたの目尻３分の１に細く入れて、
目尻の延長でつなげます。

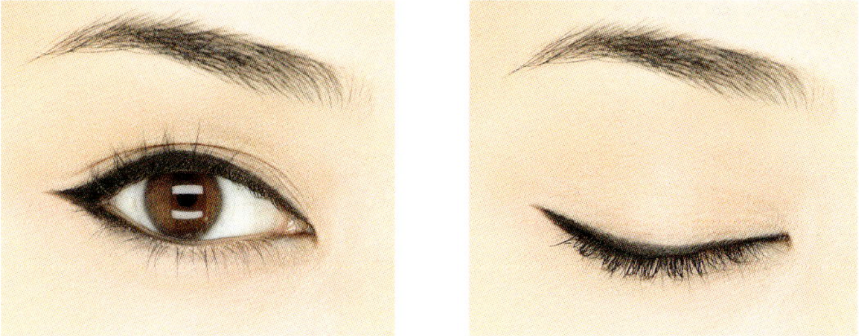

丸

上まぶたは、
瞳の真上が太くなるように入れて、
下まぶたは、中央にやや太く入れます。

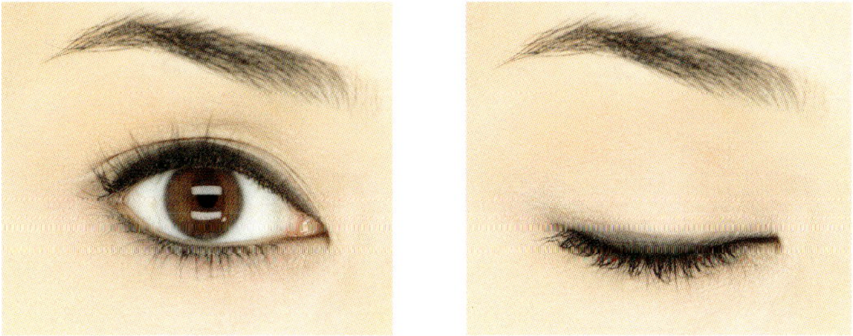

かこみ

上まぶたにも下まぶたにも、
太めに入れて目をかこみます。

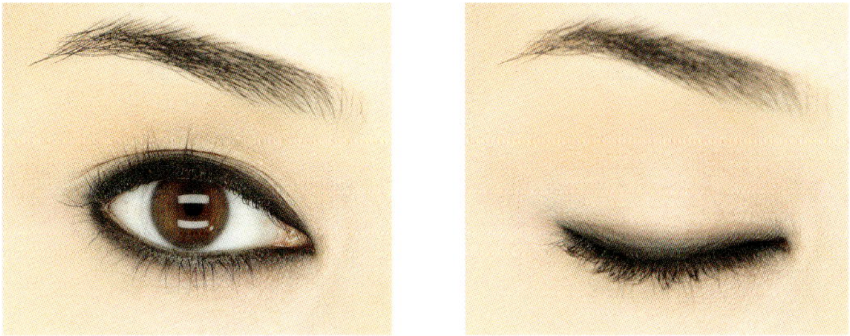

Mascara

マスカラのつけ方

ここでは基本テクニックを紹介します。
切れ長に見せたければ、目尻にさらに追加。丸く見せたければ、中央に重ねづけして強調します。

before

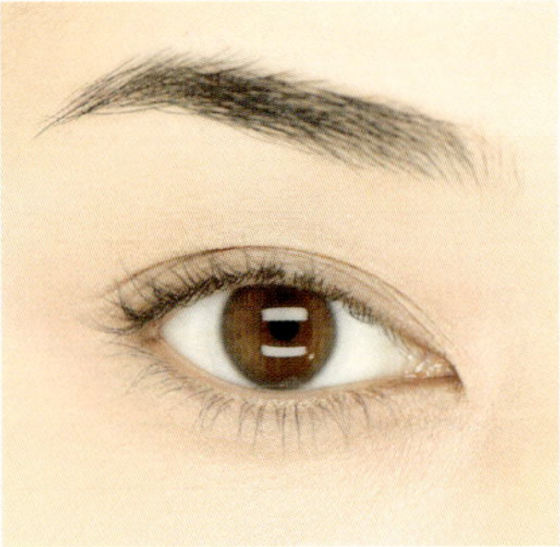

after

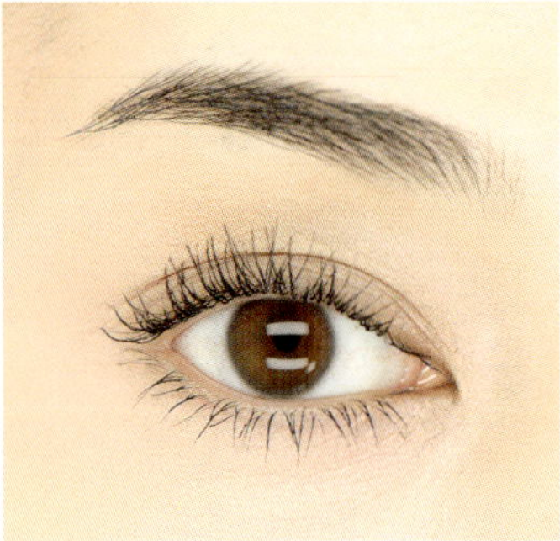

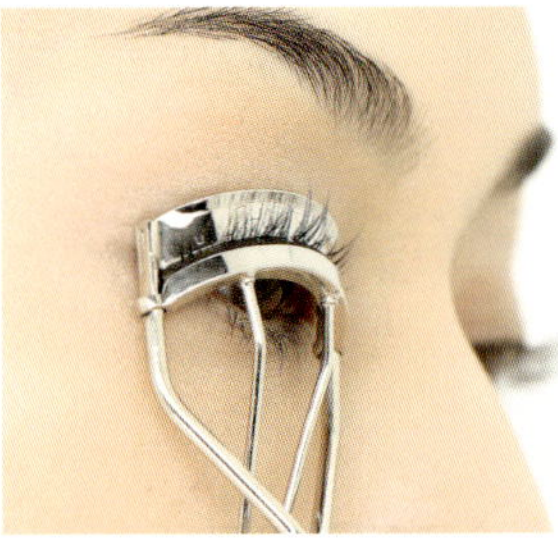

1 アイラッシュカーラーをまぶたに密着させ、根元を軽くはさみ、

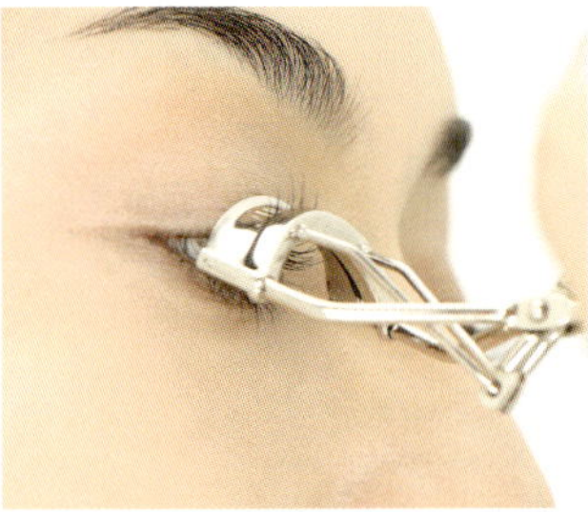

2 根元～中間～毛先の３回で、徐々に角度を上げながらカールさせます。

3 はさみにくい目尻には、ミニアイラッシュカーラーを使います。

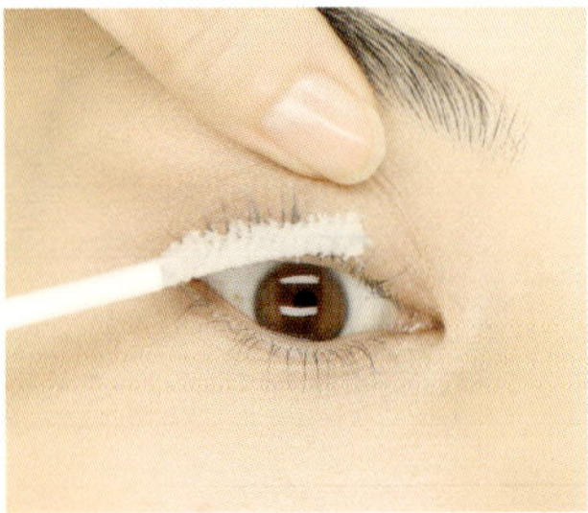

4 まぶたを軽く引き上げて、根元から毛先へマスカラベースをつけます。

5 ジグザグにブラシを動かしながら、根元から持ち上げるようにつけていきます。

6 目頭はブラシの先端で縦に動かしながら、１本１本につけていきます。

マスカラの種類

- ♣ マスカラベース……まつ毛をコートしてカールをキープし、つきやもちを良くするための下地。
- ♣ カールタイプ……キープ力が高く、カールが落ちにくい。
- ♣ ロングラッシュタイプ……まつ毛に長さを足す。
- ♣ ボリュームタイプ……まつ毛の量を多く見せる。密度を濃く見せる。
- ♣ ウォータープルーフタイプ……汗や涙など水に強く、落ちにくい。
- ♣ コームタイプ……とかし上げながらつけるので、1本1本が繊細な仕上がり。

7 目尻のまつ毛にも同様につけます。

8 長さを出したいときは、繊維入りのマスカラを重ねづけします。

9 下から上へブラシを抜き、長さをプラスします。

10 繊細に仕上げるために、マスカラコームで軽くとかし上げます。

11 下まつ毛はブラシを寝かせて、縦方向に動かしながらつけます。

12 さらにブラシの先端で1本1本縦につけて、ていねいに仕上げます。

Total eye make-up

Straight 直線的に仕上げる

直線的な仕上がりを目指す場合は、ダークなシャドーを先に入れて、
目の印象を切れ長にしてから、ラインを引いてさらに強調していきます。

1 切れ長にするため、目尻に濃い色を入れます。細いチップで水平に。

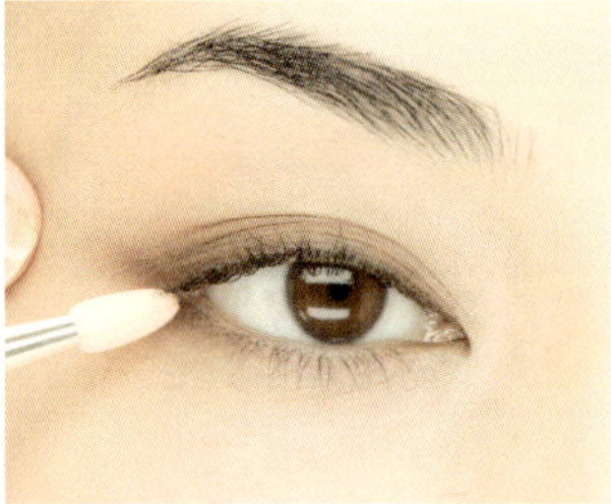

2 下まぶたの目尻の際に、チップの先端で細くシャドーを入れます。

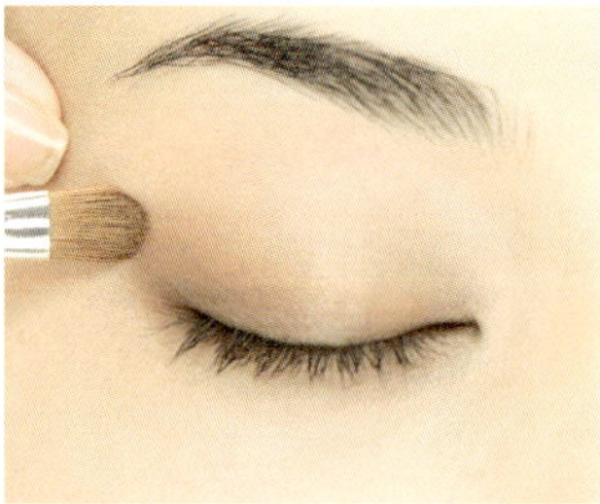

3 1の上にミディアムカラーを、ブラシ（小）を寝かせてやや広めにぼかします。

4 ブラシ（中）で、ライトカラーをアイホール全体にぼかします

5 上まつ毛の際に、目尻から目頭へ、ペンシルでアイラインを引きます

6 下まつ毛の目尻側3分の1にも入れます。

7 目尻の延長を指で軽く引き上げ、リキッドライナーをすっと引きます。

8 全体にマスカラをつけてから、目尻側をさらに強調します。

9 直線的なアイメイクの完成です。

Round 曲線的に仕上げる

曲線的な仕上がりを目指す場合には、先にラインでかこんで曲線を作ってから、
ダークなシャドーをラインに沿って入れていきます。

1 上まぶたの際に沿って、太めのラインを入れます。

2 視線を上にしてもらい、下まぶたもラインでかこみます。

3 上のアイラインをブラシ（小）でぼかします。

4 下のラインも同様です。

5 チップで、ダークカラーをラインの上に重ねます。

6 ミディアムカラーをアイホール全体と下まぶたに、ブラシでぼかします。

7 ライトカラーをアイホールをかこむようにぼかします。

8 瞳の中心にマスカラをつけ、中央を強調します。

9 曲線的なアイメイクの完成です。

Cheek make-up variation

いろいろなチークメイク

チークメイクは、頬に血色を補い、いきいきした表情と立体感を与えます。
入れ方とぼかし方でシェーディング効果を生み、顔幅の見え方にも影響します。
肌色やイメージに合うカラーを選ぶことで、効果がさらに際立ちます。

スタンダード

すっきり

丸

シャープ

Tool&item

頬

チークの形とぼかし方の方向性で、
ツールとアイテムを使い分けます。
化粧品に付属の小さなブラシだけではなく、
つける位置やぼかし方を使い分けられるように、
各種そろえましょう。

ブラシの種類

丸く入れるためには丸い形、すっきりシャープに入れるなら平らなブラシ、大きくぼかすなら大きいブラシ、小さく繊細にぼかすには中くらいのブラシ。この4種は必須です。

スティックタイプ

つやを強調する質感を出すには、スティック状に成形されたクリームタイプが最適です。肌にのせたら、指先やブラシで軽くなじませます。

パウダータイプ

肌色に近い色からヒューマンカラー、ハイライトを効かせるライトカラー、引き締め効果のあるシャドーカラーまで、パウダータイプは色数も豊富です

Cheek make-up standard

標準的なチークカラーの入れ方

起点を決める

鼻先から耳の中央を結んだ線と、
目の中心と同じ高さの生え際を、口角と結んだ線の交差するあたりが、目安です。

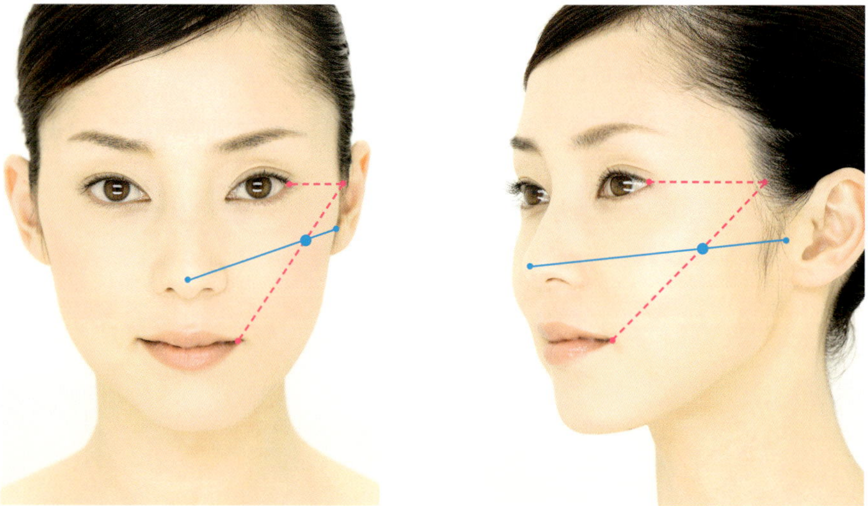

スタンダード

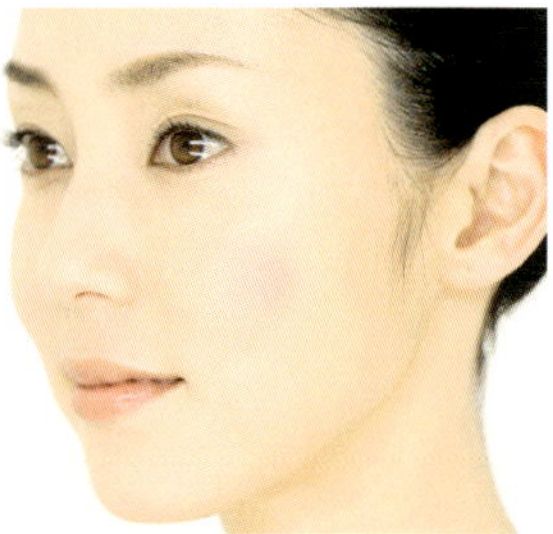

1 起点を置きます。

2 チークブラシで中心か、らせんを描くようにぼかし、

3 頬骨に沿って、斜めの楕円形にぼかします。

4 自然な血色と立体感で、いきいきとした印象になります。

陰影をつける

Tゾーン、目の下、アゴ先など、高さを感じさせたい部分にハイライトを、
フェイスラインなど引き締めて見せたい部分にシャドーカラーをつけることで、立体感と奥行きが演出できます。

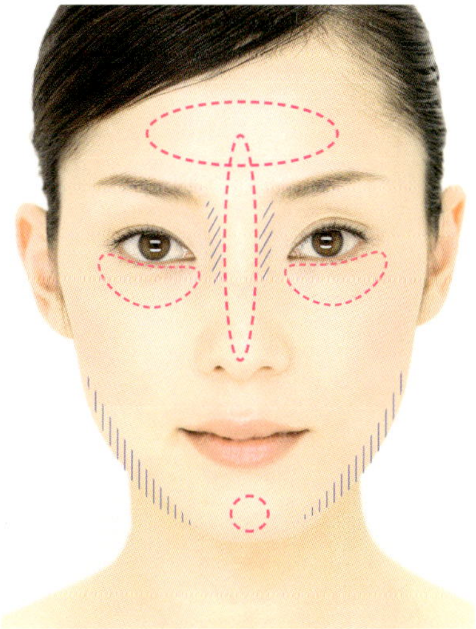

ハイライトを入れるゾーン

シャドーカラーで引き締めるゾーン

1 上の図に点線で示した部分に、ハイライトカラーを入れます。

2 上の図に斜線で示した部分にシャドーカラーを入れます。

3 眉頭の下から鼻筋の側面にシャドーをぼかします。

Cheek make-up variation

いろいろなチークカラーの入れ方

丸

1 笑った時に一番高い部分に、チークカラーを丸くのせます。

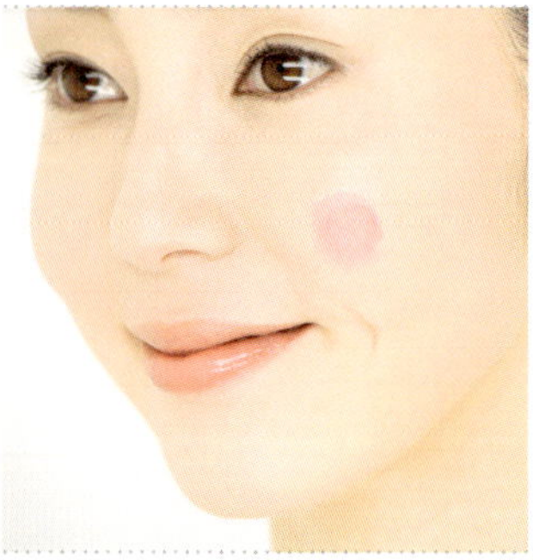

2 ここが中心です。中心が最も濃くなるようぼかしていきます。

すっきり

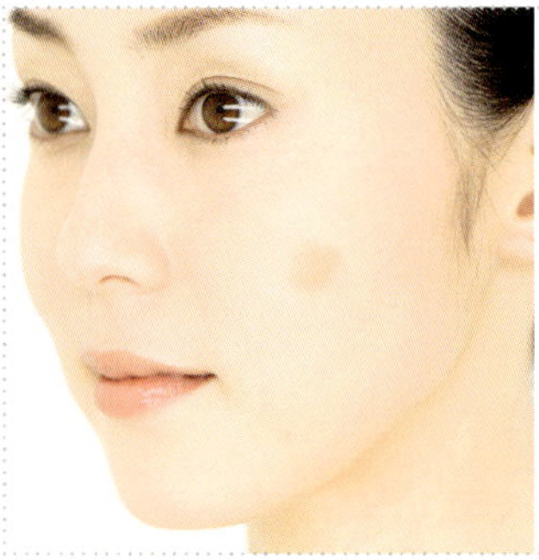

1 標準のやや下にパウダータイプのチークカラーを置きます。

2 チークブラシを立てて使い、起点を中心になじませます。

シャープ

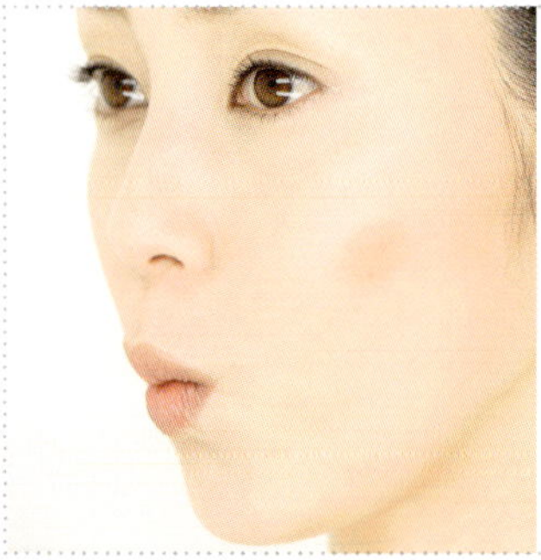

1 「う」の口にしたときに頬骨の下にできるくぼみが起点です。

2 頬骨の下にパウダータイプのチークカラーを置きます。

3 指先でトントンたたくようにして円形にぼかします。

4 大ブラシを丸く絞って、円を描くようになじませます。

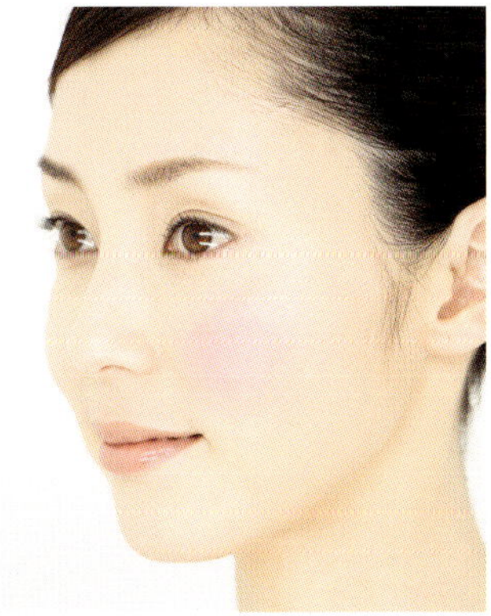

3 頬骨の下に沿って、耳に向かってやや短めにぼかします。

4 中心に戻します。

3 チークブラシで、頬骨の下を通って、こめかみ方向へぼかします。

4 長めに伸ばし、口角へ向かって直線的に戻します。

Lip make-up variation

いろいろな形のリップメイク

リップカラーひとつでいろいろな形を作ることができます。
１ミリでも印象は大きく変わるので、繊細に仕上げます。

スタンダード

ストレート

インカーブ

アウトカーブ

Tool&item

唇

形の変化で顔全体のバランスを整えるとともに、色によって華やかさも出せるのがリップ。目的に合ったタイプを選んでより効果的に。

リップライナー

輪郭がにじまず、きれいに描けるので唇の形を鮮明にします。形を補正するときにも便利なペンシルタイプ。

リップブラシ

口紅のふくませ方で、色の強弱や発色の具合が変わります。輪郭の繊細な表現に欠かせません。

パレットタイプ

ひと目で色が見えるので、色を重ねたり、ミックスしたりなどの使い方がしやすいタイプです。

スティックタイプ

もっとも一般的なのが、スティックの形状をしたもの。直接唇にのせると、薄くフィットします。

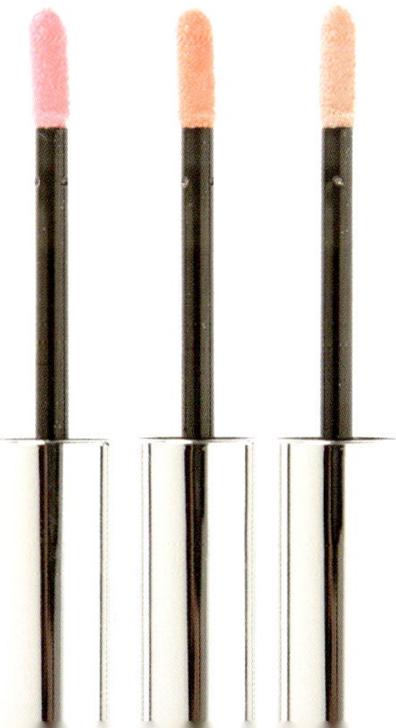

リップグロス

うるおい感、つやを出したいときはグロスを使います。中央にのせると、ふっくらしたボリューム感が出せます。

Lip make-up standard

標準的な描き方

唇のゴールデンバランス

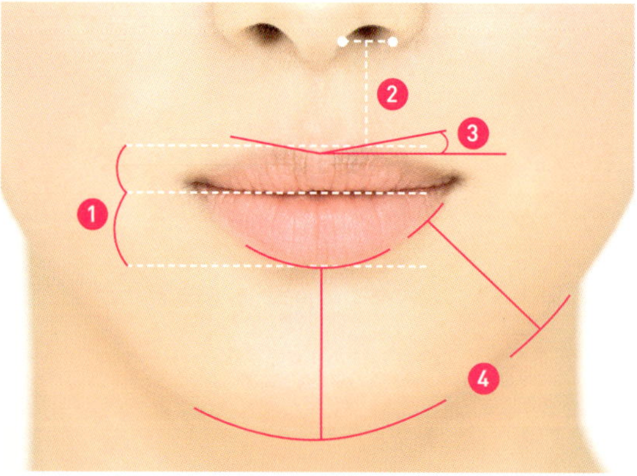

1. 上唇：下唇＝1：1.3～1.5
2. 山の位置は鼻孔の中心を下ろしたところ
3. 上唇の谷から山の角度は10度～15度
4. 下唇の形はアゴラインとほぼ平行、底辺はアゴ先の形とほぼ同じで、上唇の山と山の幅よりやや長め

スタンダード

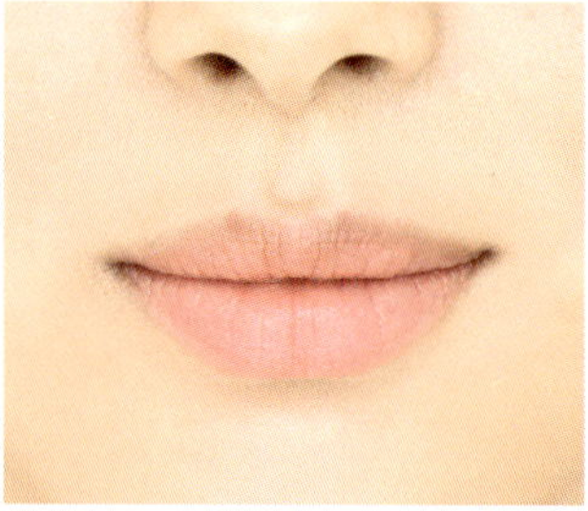

1 上唇の山は、鼻孔の中心を下ろした位置に決めます。

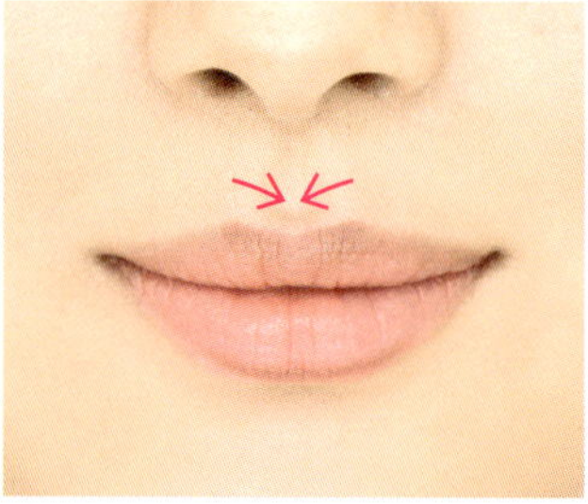

2 下唇の底辺はアゴ先の形に合わせ、上唇の山と山より長めに描きます。

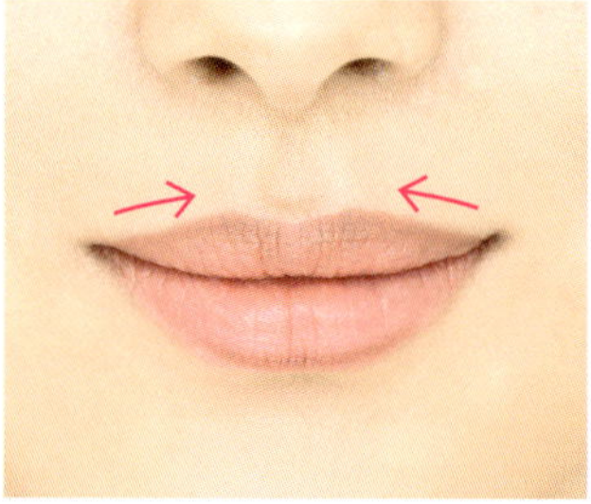

3 上唇の口角と山のポイントを結びます。

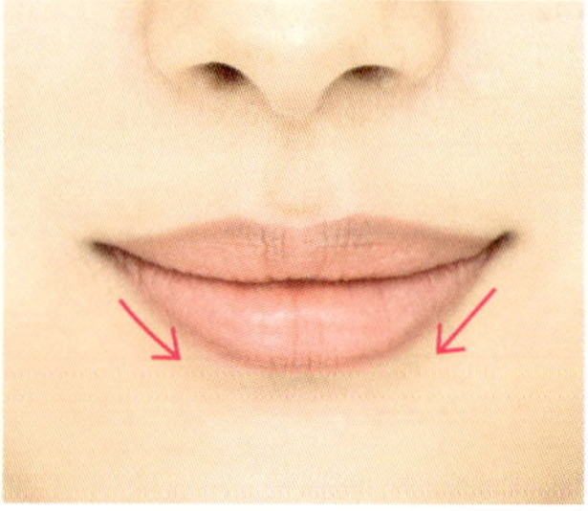

4 下唇も口角から中心へつなぎ、アウトラインをつくります。

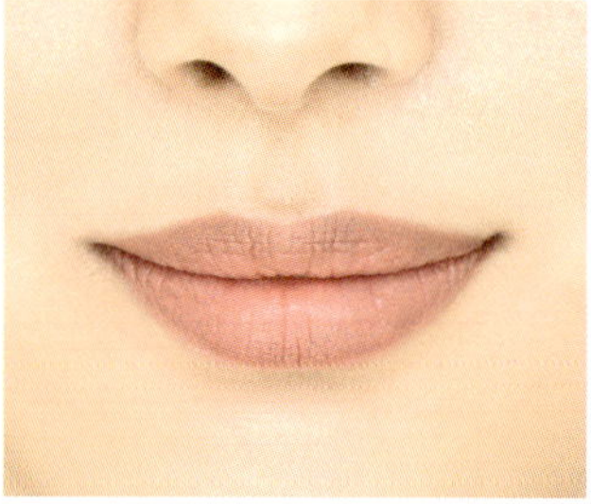

5 リップライナーでアウトラインの内側をぼかします。

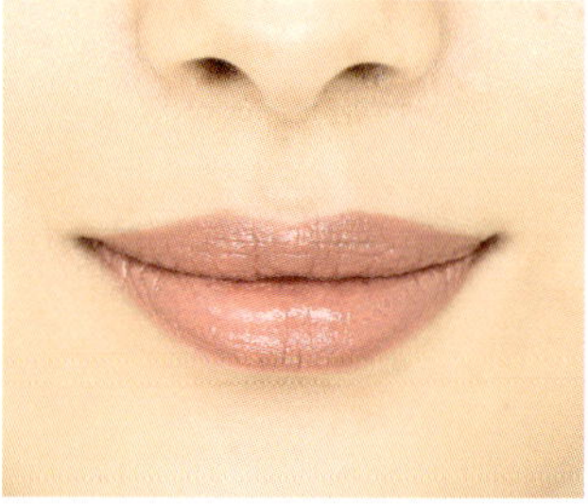

6 上からリップカラーを重ねて、仕上がりです。

ストレート

1 リップライナーで直線的な角度の山を描きます。

2 リップブラシを寝かせて、側面を使いながら山から谷へつなぎます。

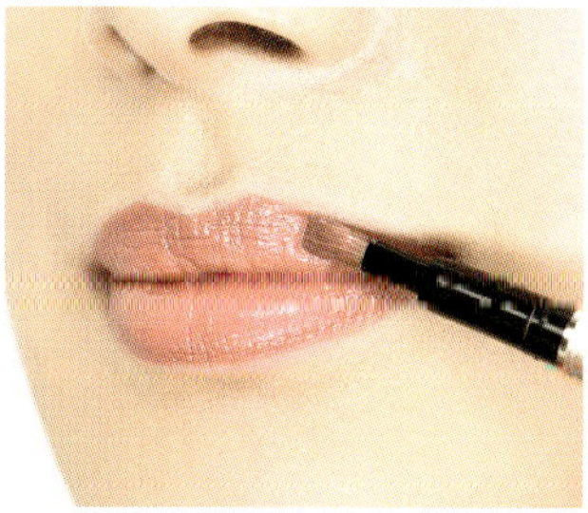

3 山から口角に向かってストレートなラインで結びます。

インカーブ

1 コンシーラーで上下の口角ラインを軽く消します。

2 指で軽く引き上げて、上下の口角ラインをややインカーブに描きます。

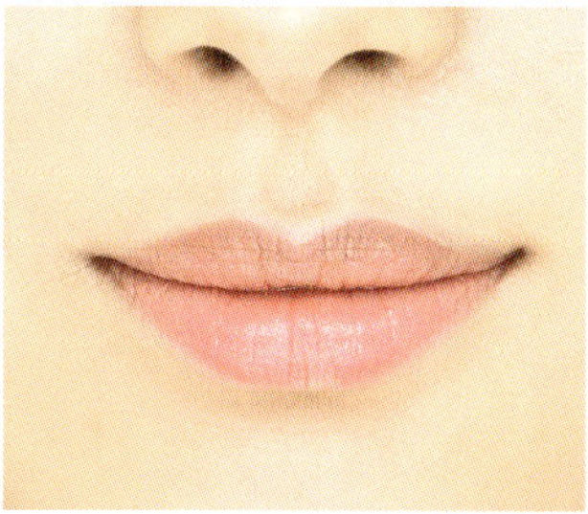

3 本来のアウトラインより、少し内側に入った輪郭に描きます。

アウトカーブ

1 本来のアウトラインより山の位置を外側に決め、やや大きめに描きます。

2 口角から山へ、ふっくらとした曲線でつなぎます。

3 ブラシを寝かせて、リップカラーをたっぷり塗ります。

Others

その他の注意点

＊ 口角のチェック

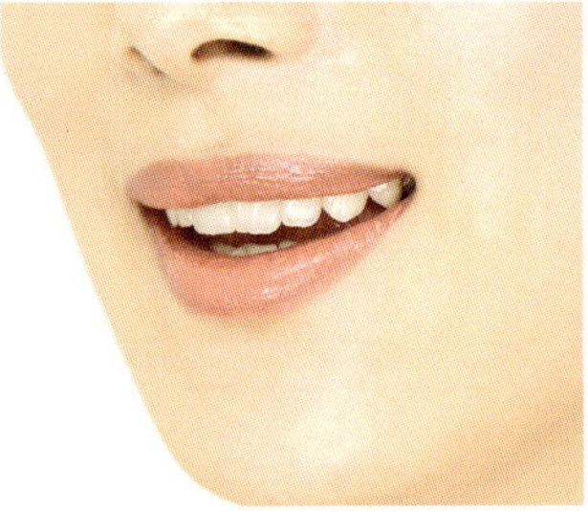

「えー」という表情をしてもらって口角がつながっているか、チェックします。

＊ 口角を結ぶ

「あー」と口を開けてもらい、上下の口角を結びます。

＊ 色修正

唇の色が濃すぎる場合は、コンシーラーで唇の色を消します。

＊ 輪郭補正（コンシーラー）

唇の周りのくすみや輪郭を修正する場合は、部分的にコンシーラーを使います。

＊ 輪郭補正（パウダー）

リップカラーの後、口もとの仕上がりをきれいに見せるため、アウトラインにパウダーをつけます。

＊ にじんだら

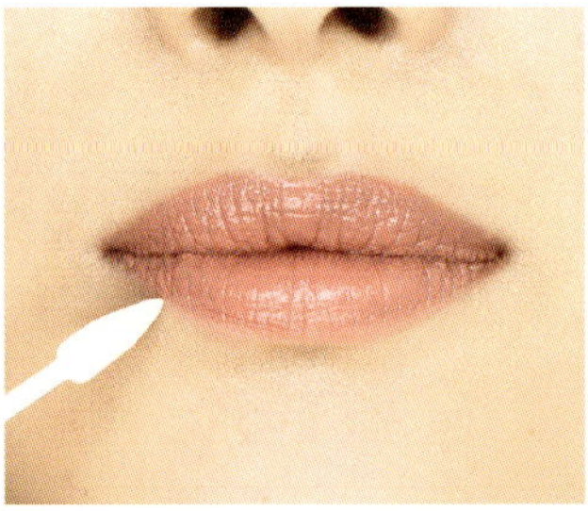

コットンチップの先端でにじんだリップカラーを拭き取って修正します。

シーンを演出する

サロンメイクアップでは、ハレの日のオーダーが多いもの。ブライダルゲスト、パーティ、成人式や卒業式。そうしたテーマをもとにメイクアップする場合心がけたいのは「必ず２つの提案を持つ」ということ。はい、とてきぱき進めるより、「こういう方法とこんなアイデア、どちらがいいでしょうか」。選んでいただくことでよりフィットした方法になり、満足感も高まります。

実践、実践また実践。
教えられてもわからない大切なこと

テキストを読んで知識を増やす、真似をする、繰り返し練習する。メイクアップ上達の秘訣は、それしかありません。美容師さんなら、カットにこだわりますよね。ウイッグで基本をたたきこんだら、モデルさんを入れて100人の実践を積んでから、デビュー試験に臨むはずです。メイクアップも全く同じ。メイク法を一つ覚えたら、周りの人に協力してもらって、一人でも多くの顔で練習しましょう。

まずは自分の顔からです。男性も自分の顔にとことん向き合って、メイクアップしてください。タッチの強さは大丈夫でしょうか？　手はきれいですか？　手際はどうですか？　メリハリとスピードは？　もたもたしないで、次の動作へ進んでいますか？　道具と化粧品の置き場所、並べ方は適切ですか？　チェック項目をクリアしたら、さあ、誰からにしましょうか。

母親、姉、妹、おばあちゃん、おばさん。同僚、後輩、先輩など。もういませんか？　カットと違うのは、クレンジングで落とせば元通りになるという安心。カットの練習台を頼むより、ハードルは低いのですから、がんばって。メイク法は同じでも、顔が変われば表現は無限大に広がります。同じ色をのせても、同じようにグラデーションを描いても、全然違う感じに見えてきます。完成したらよく観察してメモをとり、ビフォーvsアフターを写真に撮って確認してください。

お悩みをカバーするより、長所を活かすほうがきれいに見える人がいます。フルメイクをするより、どこかを強調することで印象的になるタイプがいます。ありったけのメイク法を経験して見ることで、引き算の大切さに気付いたりもします。これは教えてわかることではありません。自分で試して気づくことが大切なのです。

5 How to make-up

テクニックポイント

Prologue も Scene も、すべて各章で紹介したテクニックの組み合わせで成立しています。ここでは、ケースに応じてどこをポイントにしたかをメインにプロセスを整理します。目を強くしたら口元は引き算してメリハリ、目と口元を同時に強くして印象を強める、全体にナチュラルなトーンでまとめる、など。より似合わせる、個性を引き出す組み合わせを選びましょう。

P10 Fresh image
肌はシアーに仕上げて

1 スクリューブラシで、眉頭から眉山までは毛流に沿ってとかし上げます。

2 眉山から眉尻は毛流に沿ってとかし下げ、直線的にします。

3 まぶた全体にハイライトカラーをぼかします。

4 アイライナー用ブラシで、ブルーのアイラインを切れ長に入れます。

5 まぶたを引き上げて、根元からマスカラの先端で、1本ずつ毛先につけます。

6 オレンジ系のチークを、頬骨の下に横長にすっきりとぼかします。

P11 Cute image

パウダー感のある肌に仕上げて

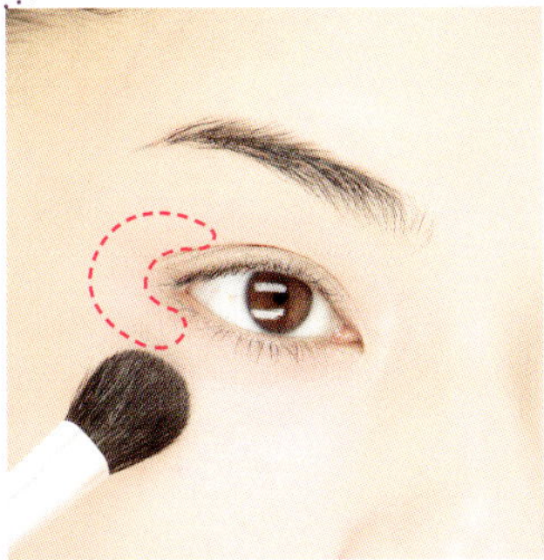

1 明るく見せるために、目尻をかこむようにハイライトカラーをぼかします。

2 小鼻、口角、ほうれい線にハイライトを入れて、影をやわらげます。

3 上まぶたにはグリーンを、下まぶたにはピンクを幅広くぼかします。

4 笑ってもらって、頬の高いところにチークを丸くぼかします。

5 まつ毛とまつ毛の間を埋めるように、細いラインを入れます。

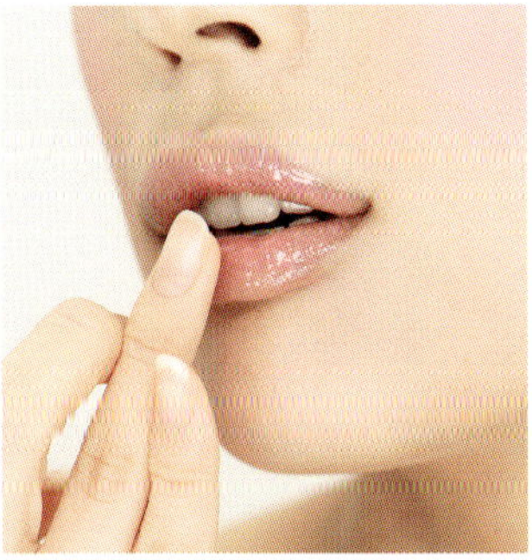

6 指先で中心にリップグロスをつけます。

P12 Sharp image

肌は人工的な光で仕上げて

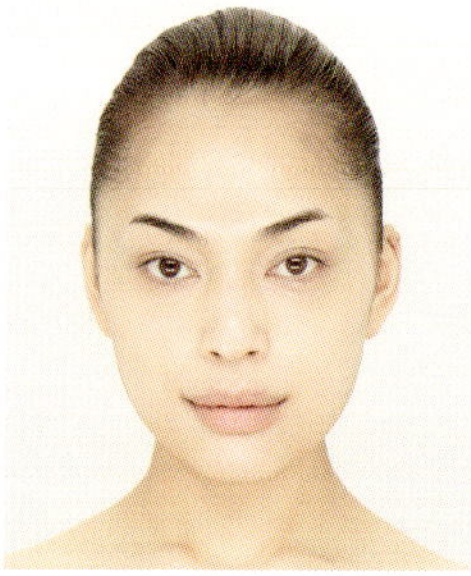

1 立体感をつけるため、Tゾーン、目の下にハイライトを入れます。

2 シャドーカラーでアゴラインを引き締めます。

3 リキッドライナーで、目尻から中央へ細くアイラインを引きます。

4 視線を外側へはずしてもらい、目頭から中央へラインをつなげます。

5 コンシーラーで唇の輪郭を起こします。

6 唇の山と低辺を決め、ストレートに口角から中央へ結び、中を埋めます。

P13 Elegant image

肌はスタンダードに仕上げて

1 淡い色をまぶた全体にぼかし、同系色の濃い色でグラデーションにします。

2 下の目尻にはチップの先端で、同系色シャドーを細く入れます。

3 アイラインは、目尻からすっと切れ長に引きます。

4 唇の輪郭を、丸みを持たせてほんの少しアウトカーブ気味に取ります。

5 中を塗ってから、輪郭線となじませます。

6 チークカラーは、頬骨に沿って楕円形にぼかします。

P76 Kimono orthodox
古典的な成人式に

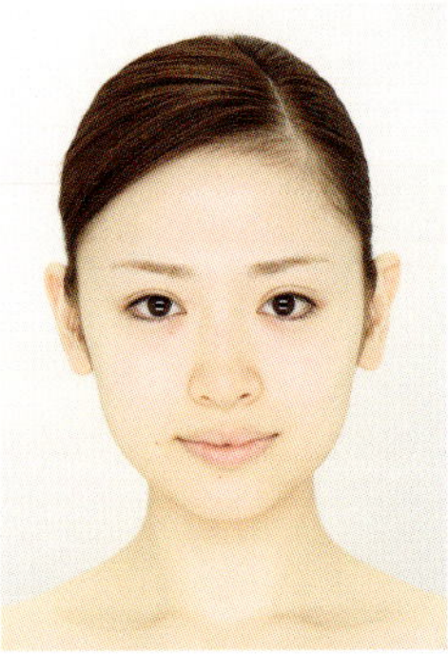

ハーフマットな肌に、
着物に合わせた淡い色で
すっきりしたラインのポイントメイク

1 まぶた全体にチップで、ハイライトカラーをぼかします。

2 上まぶたの目尻寄りに、ブルーのシャドーを細く入れます。

3 リキッドライナーで、目尻から切れ長なラインを引きます。

4 眉はアイブローパウダーで柔らかくぼかして描きます。

5 リップカラーをたっぷりつけてから、ティッシュで軽くおさえます。

6 やや高めの位置に、チークカラーをほんのりぼかします。

P77 Kimono modern
いまどき成人式にも

透明感のあるつや肌に、
輝きと立体感のある目もとがポイント

1 まぶたの広い範囲に、輝きのあるハイライトカラーをぼかします。

2 ブラウンのシャドーを、チップでアイホールの左右に重ねます。

3 ジェルライナーのブラウンで、上まつ毛の際全体にラインを引き、

4 下目尻から３分の１にも引き、丸く見せます。

5 瞳の真上の位置にハイライトカラーをのせて、中抜きにします。

6 まつ毛１本１本にていねいにマスカラをつけます。

P78 Casual party sweet

昼間の軽いパーティに

ナチュラルな肌に多色使いの目もとと、
つやのある唇

1 目頭にブルーグリーン、目尻にバイオレットのシャドーをぼかします。

2 上を向いてもらい、下の目尻にチップの先端で細くブルーを入れます。

3 つけまつ毛はまず目頭から位置を決めて、その人のまつ毛に沿わせて、

4 目尻にフィットさせます。

5 頬のやや高い位置に、丸くチークをぼかします。

6 リップカラーを塗り、唇中央にグロスでつやを与えます。

ベージュシフォンブラウス¥21,000（シネクァノン／ストックマン） ブローチつきネックレス¥3,990（アパラ）

P79 Casual party pure

清楚なイメージにしたいなら

立体感のあるつや肌に、
目尻にポイントを置いた目もと

1 眉のアウトラインをアイブローパウダーでぼかします。

2 アイホールにふわっと軽く、ハイライトカラーをぼかします。

3 リキッドでラインを引いてから、グリーンのパウダーで目尻を強調

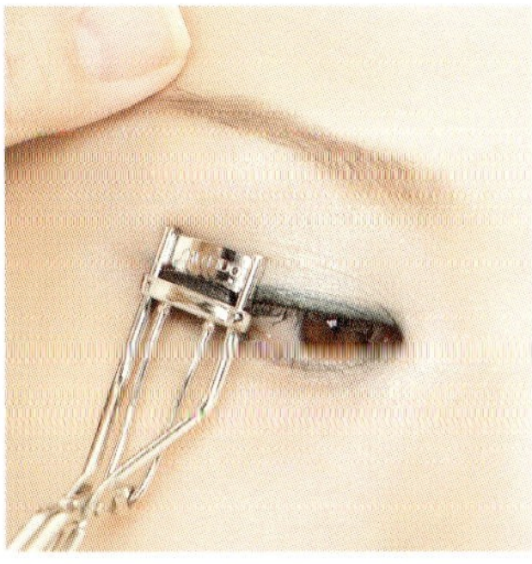

4 目尻のまつ毛をミニアイラッシュカーラーで根元からカールさせ、

5 目尻のまつ毛にマスカラをつけてさらに強調します。

6 頬骨と下まぶたの間に、パール感のあるフェースカラーをつけます。

黒フリルワンピース¥91,450（BENSONI ／ブランドニュース）多連ネックレス¥7,980（シネクァノン／ストックマン）
チョーカー¥21,000 （BENEDICTE ／ select shop mahna mahna）

P80 Modern party metallic
クールな輝きで演出する

立体感のある肌に薄い眉、
目もとにはインパクトを与える

1 上まつ毛の際全体に、ペンシルで太めのアイラインを入れます。

2 ラインをブラシでぼかします。

3 シルバーグレーのシャドーをつけます。

4 シャドーをアイホールまでぼかします。

5 下まつ毛のインサイドにペンシルでアイラインを引きます。

6 バランスを見て、下の目尻にも幅広くシャドーをぼかします。

黒ワンショルダードレス¥73,500（イー．ワイ．ワダ／ブランドニュース）チョーカー¥5,250（シネクァノン／ストックマン）

P81 Modern party brilliant
ゴージャスに決めるなら

つやのある肌にゴールドの輝きを
アクセントにして、華やかに

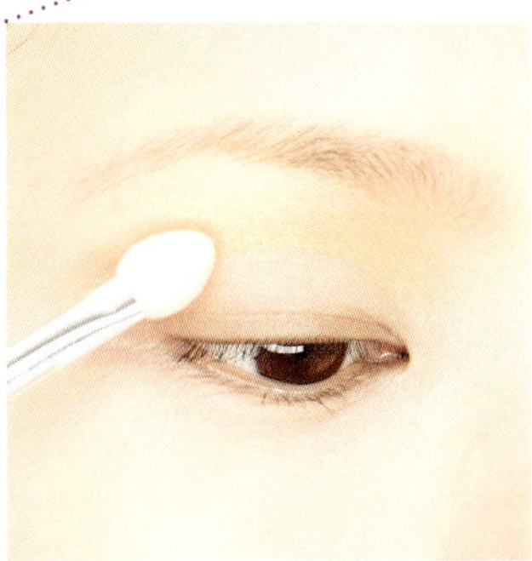

1 ゴールドのシャドーをまぶた全体にぼかします。

2 ボルドーのジェルライナーをアイホールまでのばします。

3 まつ毛の間を埋めるように、ペンシルで上下にラインを引きます。

4 つけまつ毛を一束ずつカットして、ピンセットで目尻につけます。

5 指先で上まぶたに金ラメをつけ、点在させます。

6 金ラメを上まぶたと目頭にブラシで足します。

ゴールドワンピース¥36,750（heartstrings／showroom SESSION）ピアス¥53,550（CHANTAL SIMARO／show room SESSION）ネックレス¥5,880（radiu／エフタイム）

P82 Dress up sharp
きりっとしたおしゃれ感

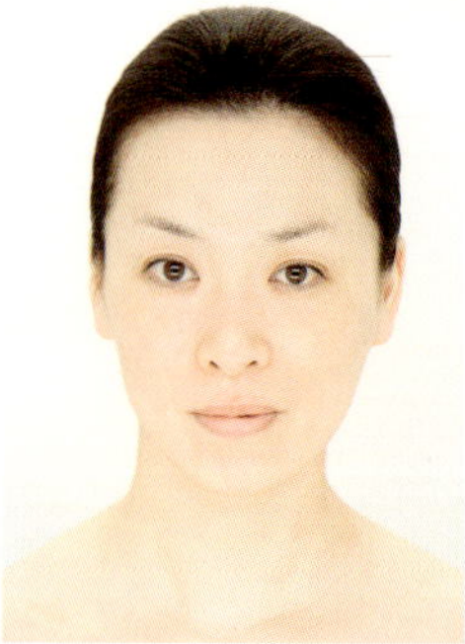

自然なつや肌に、
上品な深みをつけた目もとでいきいきと

1 明るく見せるイエローのコントロールカラーを外側にのばします。

2 ファンデーション後、フェースラインから首筋までパウダーでおさえて立体感を出します。

3 まぶた全体にハイライトカラーをぼかします。

4 ブラウンのシャドーを目尻まで広げ、切れ長にします。

5 アイラインを際に入れて、深みを出します。

6 リップブラシでフィットさせ、つや感のある唇にします。

ネイビーシルクブラウス¥25,200（heartstring ／ showroom SESSION）パールネックレス¥7,140（radiu ／エフタイム）

P83 Dress up soft
やさしいしっとり感

ハーフマットな肌に着物とハーモニーを合わせ、落ち着いた感じに

1 ピンクのコントロールカラーを頬に置いて、外側にのばします。

2 ファンデーションをパウダーでおさえ、ハーフマットな質感にします。

3 眉はなだらかに描き、着物の色に合わせたシャドーをぼかします。

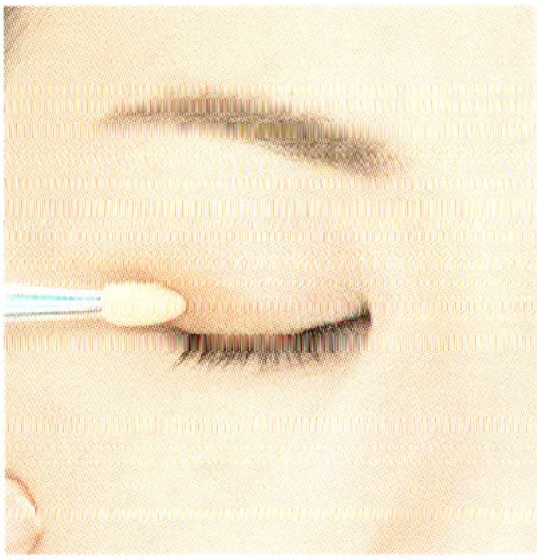

4 細いチップで同系の濃い色を細く入れ、グラデーションにします。

5 リキッドライナーで、目尻に細く長めのラインを引き、切れ長にします。

6 チークカラーは頬のやや高い位置に、幅広くぼかします。

クリエーションを支える
イマジネーションの力

お客様に素敵なメイクを提供しました。お客様は喜んでパーティに出かけました。「あら、がんばっておしゃれしてきたのねえ」と感心されました。これはほめ言葉でしょうか？

顔の分析の話から始めてきましたが、最終章に入る前に想像力について考えたいと思います。

顔を見ます。パーツを見て、配置を測って、肉付きと骨格を確認して…肌の調子を観察して。それで終わってはいませんよね？　バストアップで見ましょう。髪との調和を見ましょう。全身を見ましょう。ファッションとのハーモニーは大丈夫？　まだです。その人の出かける先の環境を想像しましょう。昼間ですか、夜ですか？　自然光でしょうか、きらめく照明でしょうか？　周りにはどんな関係の方々がいらっしゃるのでしょう。

最初にお話しした「メイクアップはコミュニケーション」を思い出してください。

浮いたり目立ったりするのではなく、メイクアップがきれいなのではなく、似合っていて、その人の存在そのものが美しくたたずんでいれば、「がんばっておしゃれしたのねえ」という感想にはならないはず。

何を勉強すれば想像力に磨きがかかるのか、その答えはわかりません。でも、自然に見えて美しいということのヒントは、自然の中にあるような気はします。朝日のグラデーション、夕焼けのグラデーション。刻々とその色合いを変える瞬間への感動。若葉のころの緑のグラデーションが、真夏には深い緑色に照り返し、秋にはさまざまな紅葉に彩られていく。あるいは海の色。季節で時間帯で地域で、違う海の色に出会えますよね。自然との出会いに気付き、感動する体験。自分ならではの感動を積み重ねてください。

6 basic theory

基礎理論

メイクアップが一般の美術やデザインと一線を画しているのは、生身の「人間」に対して行う、装飾的な表現であるということでしょう。皮膚や骨格、筋肉など生理的条件に対しての配慮は大前提になりますし、顔全体の印象に大きな影響を与える、色とトーン、質感のイメージについても知っておく必要があります。自由で多彩な表現のために、基礎理論も覚えておきましょう。

顔の骨格 The frame of the face

顔は各パーツの骨がそれぞれ縫合という関節でつながり、複雑に精緻に組み合わさってできています。
メイクアップに関連する骨格については覚えておきましょう。

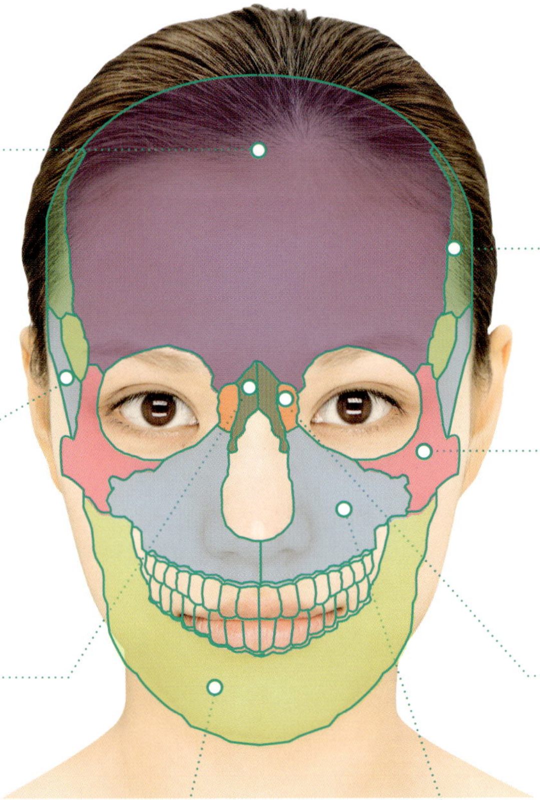

前頭骨《ぜんとうこつ》

額を形成しています。眉はこの骨の上にあり、眉を支える部分を眉弓骨（びきゅうこつ）とも呼んでいます。

頭頂骨《とうちょうこつ》×2

頭の大部分を覆っている、左右一対の骨。顔面では、耳の上から額の側面を構成。

側頭骨《そくとうこつ》×2

顔の側面を構成する、左右対称の1対。こめかみから耳の上あたりにあります。

頬骨《きょうこつ》×2

眼窩（目のくぼみ）と側面をつなぐ位置にある左右一対。頬の一番高いところ。

鼻骨《びこつ》×2

左右の鼻の穴を前方から覆う1対の骨で、眉間の真下に位置しています。

涙骨《るいこつ》×2

眼窩（目のくぼみ）の側壁に位置しています。

下顎骨《かがくこつ》

下アゴを形成する骨。上顎骨と対になって、顔の中で一番大きく強い骨です。

上顎骨《じょうがくこつ》

顔の中央に1対で左右対称に位置し、上の歯を支えています。

表情筋

The muscle of the face

目や口、鼻を動かす筋肉。顔には約30種類の筋肉があり、
相互に作用しながら表情を作ります。この筋肉の衰えがたるみやシワの原因です。

前頭筋《ぜんとうきん》

眉の上から縦に伸びる筋肉。眉を上げる。この筋肉が衰えると、額に横ジワがのこります。

眼輪筋《がんりんきん》

目の周りをかこみ、開閉する筋肉。衰えると、目尻のシワ、まぶたのたるみになります。

大頬骨筋《だいきょうこつきん》

目尻の横から唇の端に向かって斜めにのび、口角を引き上げる働き。

咬筋《こうきん》

咀嚼筋とも呼ばれ、噛むときにアゴを閉じる働きをします。

笑筋《しょうきん》

エラから口元に伸びて、口角を外に伸ばす働き。

口角下制筋《こうかくかせいきん》

口角を下に引く筋肉。衰えると、口角からアゴにかけて縦ジワができます。

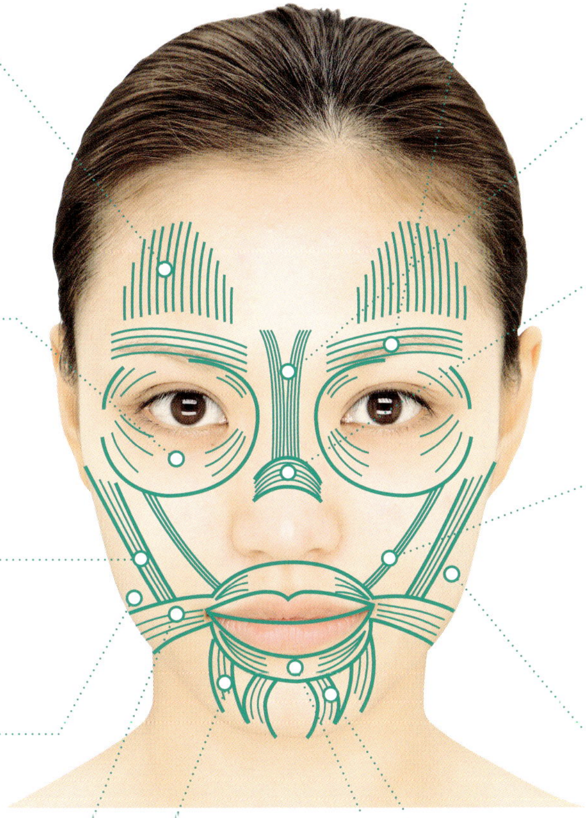

皺眉筋《しゅうびきん》

眉間を中心に眉に沿って横向きに走り、眉を上下させ、眉間の縦ジワを作ります。

鼻根筋《びこんきん》

眉間の皮膚を引き下げる筋肉。眉間に縦ジワを作ります。

鼻筋《びきん》

鼻の穴を広げたり、せばめたりする働き。

小頬骨筋《しょうきょうこつきん》

口元を斜めに引き上げる筋肉。衰えると頬がたるみます。

頬筋《きょうきん》

上下のアゴの関節から口の両端に伸び、口角を引き上げる筋肉。衰えると口元がたるみます。

頤筋《おとがいきん》

唇の下からアゴに伸びる筋肉。アゴを引き上げてラインを引き締める働き。衰えると二重アゴになります。

口輪筋《こうりんきん》

口元をかこむ筋肉で唇を閉じたり、唇を突きだす働き。

メイクアップの質感表現

Texture expression

重い・軽い、透明・不透明、光る・光らない、といった質感の違いで表現の幅が広がります。

Lip color

スタンダード

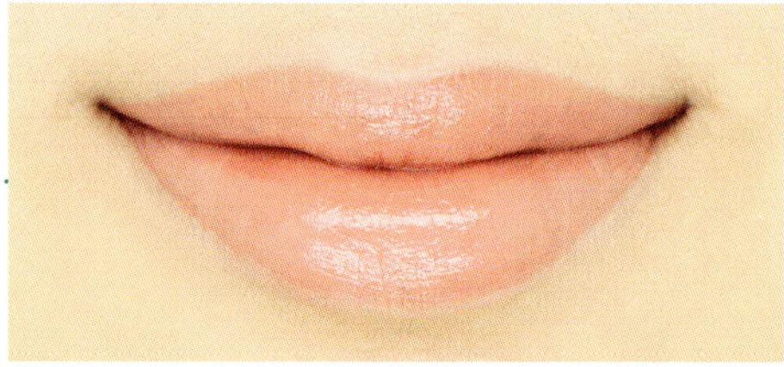

自然なツヤ感

シアー

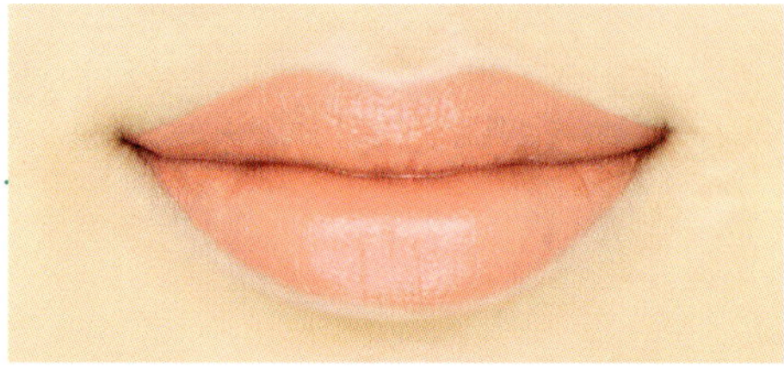

軽さと透明感

グロッシー

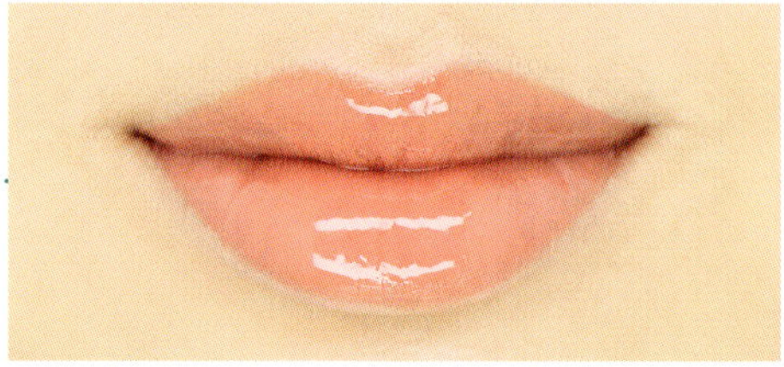

ツヤとうるおい感

パーリー

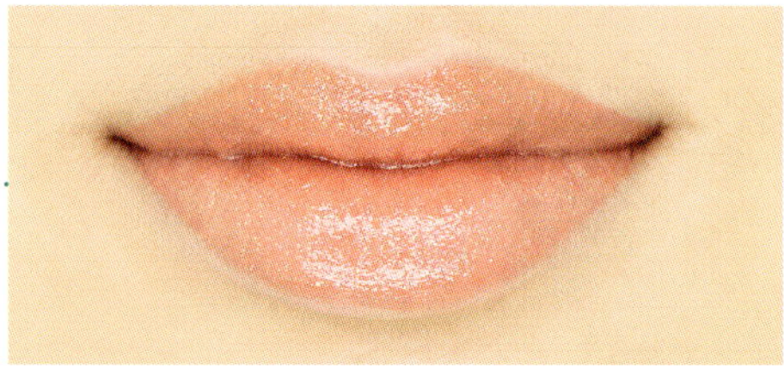

パールのような光沢感

マット

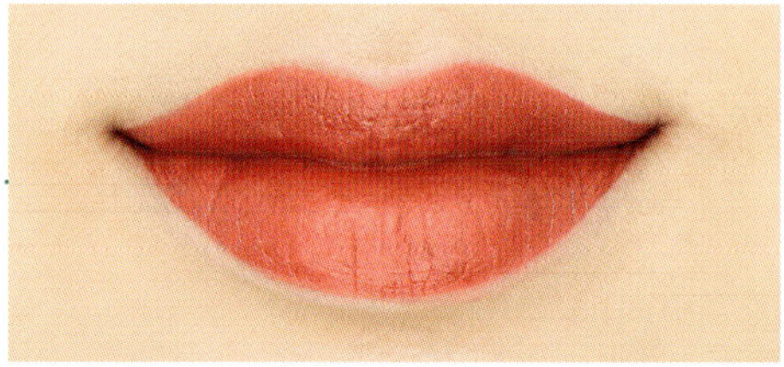

光沢をおさえた重厚感

Eye shadow

スタンダード

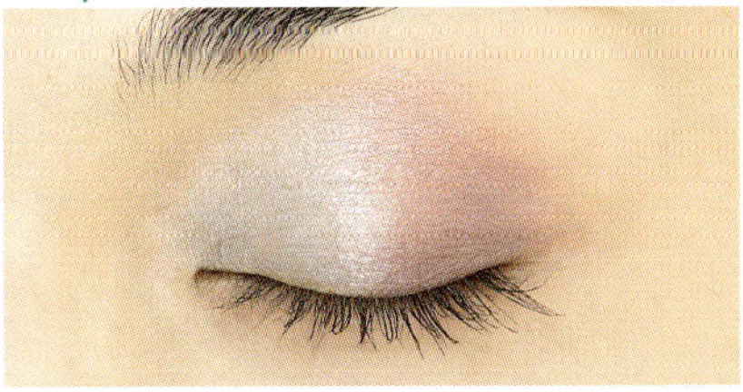

自然なツヤ感

点在パーリー

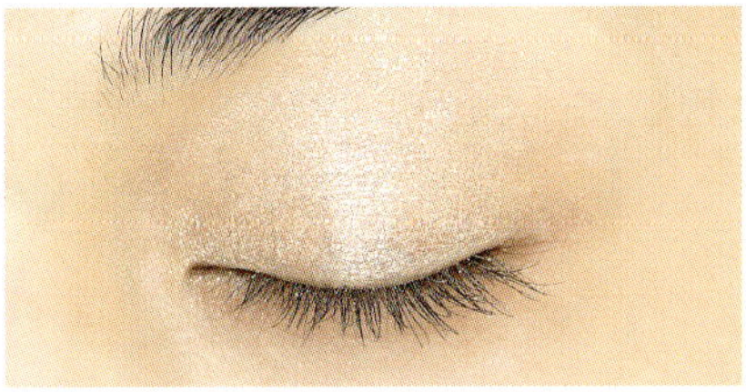

きらきら点在の輝き

メタリック

強い輝きと重さ

パーリー

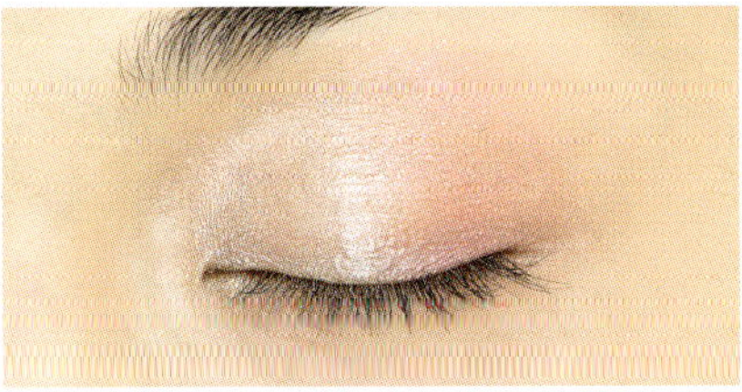

パールのような光沢感

マット

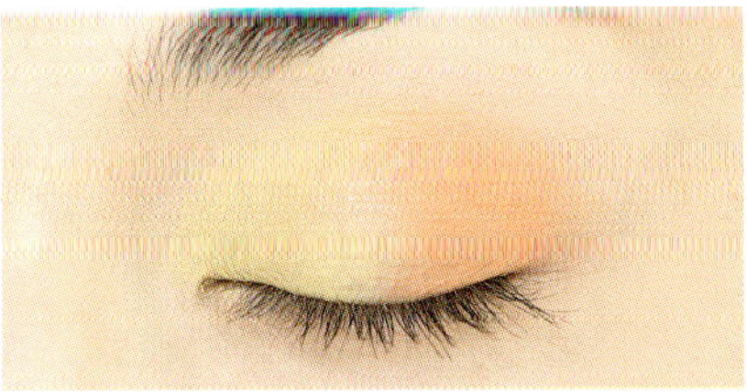

光沢をおさえた重厚感

色みによるイメージ

Warm or cool

メイクアップの色みは大きく黄み（ウォーム系）と青み（クール系）に分けられます。
黄みは明るく活発なイメージ。青みはモダンなイメージです。

ウォーム

同じ色相の中でも、暖かく見える色がウォーム系。黄みがかっている色のみでメイクしました。親しみやすく見えます。

［アイメイク］

［チークとリップ］

クール

青みがかっている色がクール系。赤やピンクにも幅があり、クール系で統一すると、印象はかなり変化してきます。

［アイメイク］

［チークとリップ］

色調によるイメージ

Harmony vs contrast

左のブライトトーン（明るい色調）は、明るくさわやかなイメージ。
右の目もとに、ペールトーン（薄い）＋口もとにディープトーン（深い）の対照的組み合わせは強いイメージになります。
目もとと口もとを逆にすることも同じ効果です。

ハーモニー

同じトーンの色（ブライトトーン）だけを組み合わせてメイクすると、調和のとれた印象になります。

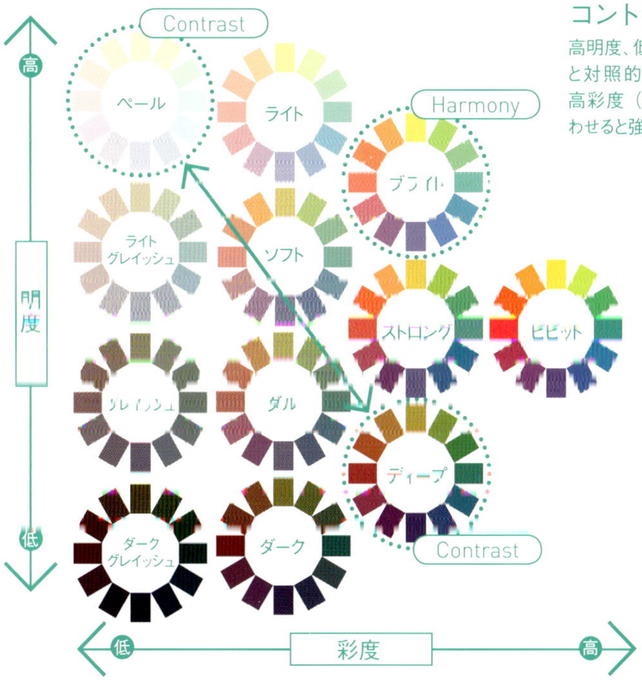

コントラスト

高明度、低彩度（ペールトーン）と対照的なレベルの低明度、高彩度（ディープトーン）を合わせると強い印象です。

資料提供／日本色研事業（株）

SABFA's lesson tool

基礎をしっかり固めて応用力を身につけるには、最適な練習のツールが必要です。
トレンドも機能も進化し続けるメイクアップの現場に対応して、
その時点での旬のコスメと道具が、勉強のパートナーになります。

サブファ アイカラー ①
サブファ リップカラー ①
SABFA

SABFA'S design sheet

デッサン用顔型

メイクアップデザイン用の顔型です。
ハーモニーを重視したり、
コントラストを効かせたり、
色と形をのせてデッサンし、
さまざまなイメージを試しましょう。
コピーして使ってください。

WHAT'S SABFA?

美容師を対象に、世界で活躍する美のプロを養成するヘア&メイクアカデミー。多彩な授業を通じて総合的に学ぶビューティークリエーターコース（1年間、前期週4日・月～木、後期週3日・月～水、定員20名）とサロンに勤めながらメイクを基礎から学ぶサロンメーキャップコース（6ヶ月、週1日・火、定員18名）の2コースがあり、どちらも少数精鋭教育主義を貫いている。現場ですぐに役立つ、時代性と社会性を備えた実践的で旬のカリキュラムが特徴である。

校名のSABFAとは、SHISEIDO ACADEMY OF BEAUTY & FASHIONの頭文字であり、文字通り資生堂が長年にわたり蓄積してきた美容のノウハウ、経験と実績をベースに美容とファッションのプロフェッショナルを養成するために資生堂が設立。1986年4月の開校(初代校長は、現・株式会社資生堂名誉会長の福原義春氏)以来、教育理念ともいえる「美容技術分野での大学院の機能であると同時に、社会性、時事感覚、創造性と美意識、プロフェッショナルの自覚を持つ人材を育てる」は揺るがない。

第一線で活躍する著名な講師陣はもちろん、講義室、ヘアメイク実習室、図書室、スタディールーム、スタジオなど本格的な最新設備が整えられ、専用に開発した教材や新製品の化粧品まで万全の教育体制を誇る。

ファッション、TVCF、広告・雑誌、サロンなど各分野で活躍する卒業生は、1500名を超え(2010年3月現在)、「ハローサブファネットワーク」という卒業生の交流組織も発足し、活発に活動している。

〒141-0031

東京都品川区西五反田3-9-1 資生堂五反田ビル 株式会社資生堂SABFA
Tel 03-3494-1234 Fax03-3494-1734
http://www.shiseido.co.jp/sabfa/

あとがきにかえて

SABFAは、美容師さんを対象にプロのヘア＆メーキャップ養成校として開校 24年になります。メーキャップについて、現役の美容師さんに何が必要で、何がお役に立てるかを、SABFA講師陣は、一番わかっているという自負があります。また、資生堂の実績と経験から、生まれた独自のノウハウを惜しげなく注ぎ込んで授業に展開しているという自信も揺らぎないものです。

24年間かけて積み上げ、練り上げてきたメソッドを、一冊の本に凝縮する作業は、簡単ではありませんでしたが、SABFAの授業を再現するかのような「SABFA'S MAKE-UP」が本として形になることは、メーキャップを伝承できる喜びでもありました。

メーキャップを基礎から学びたい、お客様を美しくして差し上げたい！という美容師さんに、サロンワークで、すぐに役立つメーキャップテクニックの実用書として、ポイントをいかにわかりやすく伝えるかにこだわりました。

この本に興味をもって手にとってくださった読者の皆さま、メーキャップ技術を身につけると、美容の表現がトータルビューティーへと大きく可能性が広がります。メーキャップは、パーソナルな美しさを引き出すだけでなく、その人の表情までも輝かせる力をもっています。是非、基礎をマスターして、たくさんの肌に触れ、顔を捉え、柔軟なハートでメーキャップを自由に発想し、試してください。メーキャップデザインの表現は、無限にあるはずです。

今回、メインモデルを務めてくれた玲さんは、10年前、SABFAの授業が初めての出会いでした。その美しさに触れて講師の「プロのモデルになったら」の一言がきっかけで素敵なモデルに成長した玲さんとの再会が、本書に結実したことも感慨深いできごとでした。また、撮影にかかわりましたモデルさんをはじめ、本書に携わってくださったすべての皆さま、ありがとうございました。最後に、SABFAのメソッドを作り上げるのに尽力した諸先輩方、また講師陣でもあるビューティークリエーション研究所メンバーに心より感謝いたします。

読者の皆さま、本書との出会いで、新しい価値観への気づきを体験されますよう、心から願っております。

2010年 3月
SABFA 校長　富川 栄

SHOP LIST

ブランドニュース
tel.03-3797-7673
〒150-0011　渋谷区東 1-4-23　ディ・オープンハウス 201

ストックマン
tel.03-3796-6851
〒151-0051　渋谷区千駄ヶ谷 2-30-1

アパラ
URL : http://www.grammes.jp
tel.03-5468-8181
〒150-0001　渋谷区神宮前 6-23-3 8F

Select shop mahna mahna
URL : http://mahna.jp/

showroom SESSION
tel.03-5464-9975

エフタイム
tel.03-5786-2207
〒151-0051　渋谷区千駄ヶ谷 3-8-7　アートステージビル 3F

STAFF LIST

Director
富川 栄

Make-up design&technique
富川 栄
矢野裕子
砂川恵子

Hair design
篠塚豊良
贄田 愛
中山夏子
大和美佳

Coordinator
冨田裕子

Assistant
長谷鮎美
（以上、すべて SHISEIDO）

資料提供／株式会社 資生堂

Art director
佐藤のぞみ（ish）

Illustrator
原 知恵子

Stylist
色部聖子

Photographer
板橋和裕（SHINBIYO）

Editor
義岡恭子（SHINBIYO）

2010年 3月 9日第 1 刷発行
2015年 5月 9日第 4 刷発行
定価（本体 3,800円+税） 検印省略

著者 SABFA
発行者 長尾明美
発行所 新美容出版株式会社
〒106-0031 東京都港区西麻布 1-11-12
編集 03-5770-7021
販売 03-5770-1201
www.shinbiyo.com
郵便振替 00170-1-50321
印刷・製本 凸版印刷株式会社